【中华国学经典精粹】

徐霞客游记

[明] 徐霞客 著
范其宇 评译

北京联合出版公司
Beijing United Publishing Co., Ltd.

图书在版编目（CIP）数据

徐霞客游记 /（明）徐霞客著；范其宇评译. —北京：北京联合出版公司，2017.1（2023.3 重印）
（中华国学经典精粹）
ISBN 978-7-5502-9746-3

Ⅰ. ①徐… Ⅱ. ①徐… ②范… Ⅲ. ①游记—中国—明代 ②历史地理—中国—明代 Ⅳ. ①K928.9

中国版本图书馆CIP数据核字（2017）第018351号

徐霞客游记
作　　者：徐霞客
选题策划：宿春礼
责任编辑：杨　青　徐秀琴
封面设计：新纪元工作室
版式设计：新纪元工作室
责任校对：付玮婷

北京联合出版公司出版
（北京市西城区德外大街83号楼9层　100088）
三河市冀华印务有限公司　新华书店经销
字数：130千字　787毫米×1092毫米　1/32　5印张
2017年1月第1版　2023年3月第6次印刷
ISBN 978-7-5502-9746-3
定价：12.00元

本书若有质量问题，请与本公司图书销售中心联系调换。
电话：010-59625116

前 言

自古以来，中国就是一个幅员辽阔、自然资源丰富的国家，这片钟灵毓秀的土地培育了许多寄情山水的诗人、画家，历朝历代亦不乏钟情名山大川，隐居山水之间的文人墨客。在他们之中，明代徐霞客“饱经风霜三十年，踏遍祖国山水田”的奇妙际遇更是被后人传为佳话。

徐霞客（1587—1641）原名弘祖，字振之，号霞客，是我国古代杰出的地理学家、旅行家、文学家。万历十五年（1587），徐霞客出生于南直隶江阴（今江苏江阴）一个文化世家，家境殷实富庶。受家庭文化熏陶，他自幼年起便博览群书，钟情于地经图志，少年时即立下“大丈夫当朝碧海而暮苍梧”的旅行大志。

徐霞客弃绝科举，放弃仕途，从二十二岁开始出行游历，前后历时三十余年，终生致力于地理考察事业，足迹遍布祖国大江南北。以今天的行政区划来看，他当时游历的地方至少涉及北京、天津、上海、江苏、福建、广东、广西、云南等二十一个省市自治区。

徐霞客将其对祖国山河的热爱全部投入游历名山大川和地理考察之中，不仅游历所需资费全部自行负担，而且不畏艰辛，跋山涉水，甚至在知天命之年还敢于“万里遐征”。在游历途中，徐霞客曾遭遇盗匪抢劫而身无分文，还曾几度遭遇生命危险，但即便这样，他也从未放弃前行的信念，追求着“远游致身”的境界。崇祯十三年（1640），徐霞客身患重病导致双足残疾，因此无法再跋山涉水，其游览经历到这里便画上了句号。第二年，徐霞客于江阴老家病逝，年仅五十四岁。在他一生“不计程亦不计年”的“汗漫之游”中，不论环境多么险恶，条件多么简陋，他都坚持把考察所获记录下来，为后人留下了珍贵的地理和文学资料。

徐霞客逝世后，季会明（季梦良，字会明，徐霞客好友）等人将他的地理考察记录一一整理校订，汇编而成《徐霞客游记》，但有部分内容缺失。至乾隆年间，徐霞客族孙徐镇对当时流传较广的几种抄本进行校勘及篇目调整、补充，得到了能够较好地反映徐霞客原著面貌的版本。此后版本多以此为据。

《徐霞客游记》全书以日记体为主进行记载，语言简练、文字优美，包括游天台山、雁荡山、黄山、庐山等名山游记十七篇和《浙游日记》《江右游日记》《楚游日记》《粤西游日记》《黔游日记》《滇游日记》等主要篇目，除散佚者外，遗有六十余万字游记资料，主要记述了作者1613—1639年旅行观察所得，对地理、水文、地质、植物等现象，均做了详细记录。

《徐霞客游记》卷帙浩繁，受制于版面篇幅，本书仅择取了书中部分脍炙人口的经典篇目及颇具学术价值和文学价值的游记章节进行辑录，共十八篇。我们兼顾了文章大意与读者阅读两个方面，将整章内容分成了若干片段，每一片段又设置原文、注释、译文三个板块，以便读者翻阅。

因时间仓促，加上部分内容过于专业，或已不可考证，译注过程中难免出现纰漏。希望广大读者能对我们的工作提出中肯的意见，在此向所有翻开此书，准备阅读的读者表示感谢。

目录

游天台山[1]日记

（浙江台州府）

【原文】

癸丑之三月晦：自宁海出西门。云散日朗，人意山光，俱有喜态。三十里，至梁隍山。闻此地於菟[2]夹道，月伤数十人，遂止宿焉。

四月初一日：早雨。行十五里，路有岐，马首西向台山，天色渐霁[3]。又十里，抵松门岭，山峻路滑，舍骑步行。自奉化来，虽越岭数重，皆循山麓；至此迂回临陟[4]，俱在山脊。而雨后新霁，泉声山色，往复创变，翠丛中山鹃[5]映发，令人攀历忘苦。又十五里，饭于筋竹庵。山顶随处种麦。从筋竹岭南行，则向国清大路。适有国清僧云峰同饭，言此抵石梁，山险路长，行李不便，不若以轻装往，而重担向国清相待。余然之，令担夫随云峰往国清，余与莲舟上人就石梁道。行五里，过筋竹岭。岭旁多短松，老干屈曲，根叶苍秀，俱吾阊门[6]盆中物也。又三十余里，抵弥陀庵。上下高岭，深山荒寂，（恐藏虎，故草木俱焚去。）泉轰风动，路绝旅人。庵在万山坳[7]中，路荒且长，适当其半，可饭可宿。

【注释】

①天台山：在浙江天台县北，是佛教天台宗的发源地。

②於菟（wū tú）：老虎。

③霁：雨雪停止，天放晴。

④临陟（zhì）：攀登。

⑤山鹃：杜鹃花，又称映山红。

⑥阊（chāng）门：苏州的一个城门，这里指代苏州。

⑦坳（ào）：山间低凹的地方。

【译文】

癸丑年（万历四十一年，1613）三月最后一天：我从宁海县城西门出发。云雾散去，阳光晴朗，人的心情，山光景色，都有喜悦之态。前行三十里路，就到了梁隍山。听说这里有老虎挡道，一个月弄伤数十人，于是，我只好停下来住宿。

四月初一日：早上有雨。我前行了十五里，大路上有了岔路，于是掉转马头向西朝天台山进发，天气渐渐放晴。又前行了十里路，到达了松门岭，因山高路滑，只好放弃骑马，转而步行。我从奉化过来，虽然翻越过数座山岭，都是顺着山麓而行；到这里后，却是迂回、登高都在山脊上面。雨后重新放晴，泉水叮咚、山色一新，它们反复地变化出新的景观，绿树丛中火红的杜鹃花竞相开放，美丽的景色令人忘了攀登跋涉的辛苦。再前行十五里路，就到了筋竹庵，我在里面用饭。山顶上到处都种有麦子。从筋竹岭往南行走，就去到国清寺的大路。恰好有国清寺僧人云峰同桌吃饭，他说从这条路到石梁，山险路长，不方便拿行李，不如穿轻快便装前往，让挑夫把重的行李挑去在国清寺等待。我同意了他的建议，让担夫挑着跟随云峰去往国清寺，我则与莲舟上人走石梁道。走了五里路，路过筋竹岭。山岭旁有很多矮松，老干虬曲，树根苍劲且叶绿秀美，就像苏州人家盆景中种的树一样。之后，我又走了三十多里路，到达弥陀庵。在高峻的山岭上上下穿行，幽深的高山荒芜寂静，（害怕山中藏有老虎，所以草丛树木都被烧掉。）泉水轰鸣，狂风好像吹动了大地，山路上没有其他旅人。弥陀庵位于万山坳中，路程荒凉且漫长，这恰好是路途的半程处，行人在此用饭或住宿都很方便。

【原文】

初二日：饭后，雨始止。遂越潦[1]攀岭，溪石渐幽。二十里，暮抵天封寺。卧念晨上峰顶，以朗霁为缘，盖连日晚霁，并无晓晴。及五更梦中，闻明星满天，喜不成寐。

初三日：晨起，果日光烨烨[2]，决策向顶。上数里，至华顶庵；又三里，将近顶，为太白堂，俱无可观。闻堂左下有黄经洞，乃从小径。二里，俯见一突石，颇觉秀蔚。至则一发僧结庵于前，恐风自洞来，以石甃[3]塞其门，大为叹惋。复上至太白，循路登绝顶。荒草靡靡，山高风冽，草上结霜高寸许，而四山回映，琪花[4]玉树，玲珑弥望[5]。岭角山花盛开，顶上反不吐色，盖为高寒所勒耳。

【注释】

①潦（lào）：此处同“涝”，雨水过多，水淹，积水。

②烨烨：原指火燃极旺，此指日炽。

③甃（zhòu）：砌。

④琪花：亦作“琪华”，仙境中玉树之花，此为莹白如玉的花草。

⑤弥望：满眼。

【译文】

四月初二日：在我吃完饭后，雨才停止。于是跨越积水，攀爬高岭，溪水、山岩渐渐幽深。走了二十里路，日暮时分抵达了天封寺。躺在床上，我惦念着明早登上峰顶的事，我想若明日雨停天晴则是有缘，因为连日来都是到傍晚才雨住放晴，没有一天是天亮时就晴朗的。到了五更时分，我从梦中醒来，听到繁星满天的消息，高兴得再也无法入睡。

四月初三日：我在清晨起床时，果然看见阳光似火，于是决定攀登山顶。我向上攀登了数里路，到达华顶庵；再走三里，就要登临华顶峰了，这是太白堂，都没有可供观赏的景物。听闻太白堂左下方有个黄经洞，于是顺小路走。走了二里路，我俯身看见一块突兀的大石头，觉得十分秀丽壮观。到了才发现这原来是一位发僧在黄经洞前结的庵，因担心风从洞里吹出来，就用石头堆叠填塞它的洞门，我觉得十分感叹和惋惜。于是又重新回到太白堂，顺着山路登上天台山绝顶华顶峰。峰顶上，荒草颓靡，山峰高峻、狂风凛冽，草上结的霜约有一寸多厚，回顾峰下四周的山峦上，满目尽是鲜花、碧树，玲珑剔透，十分美丽。山脚下鲜花盛开，山顶反而无花开放，这大概是高处寒冷的气候所致吧。

【原文】

仍下华顶庵，过池边小桥，越三岭。溪回山合，木石森丽，一转一奇，殊慊[①]所望。二十里，过上方广，至石梁[②]，礼佛昙花亭，不暇细观飞瀑。下至下方广，仰视石梁飞瀑，忽在天际。闻断桥、珠帘尤胜，僧言饭后行犹及往返，遂由仙筏桥向山后。越一岭，沿涧八九里，水瀑从石门泻下，旋转三曲。上层为断桥，两石斜合，水碎迸石间，汇转入潭；中层两石对峙如门，水为门束，势甚怒；下层潭口颇阔，泻处如阈[③]，水从坳中斜下。三级俱高数丈，各极神奇，但循级而下，宛转处为曲所遮，不能一望尽收。又里许，为珠帘水，水倾下处甚平阔，其势散缓，滔滔汩汩。余赤足跳草莽中，揉木缘崖[④]，莲舟不能从。暝色[⑤]四下，始返。停足仙筏桥，观石梁卧虹，飞瀑喷雪，几不欲卧。

【注释】

①慊（qiè）：满足。

②梁：桥。

③阈（yù）：门槛。

④揉木缘崖：意指攀住树枝爬上高崖。

⑤暝（míng）色：夜色。

【译文】

我沿旧路下山到华顶庵，经过池边的小桥，翻越三座山岭。溪水潆洄，重峦叠嶂，木石林立秀美，每转过一个地方就看到一处奇景，这极大地满足了我观赏的愿望。前行二十里路，经过上方广，到达石梁，我在昙花亭对佛像行礼，已没闲暇仔细观赏飞泻的瀑布。往下走到下方广，抬头望石梁飞瀑，忽而觉得它似挂在天边。我听闻断桥、珠帘的景色更美，因僧人说吃过饭再去还来得及往返，于是就从仙筏桥往山后去。翻越一座山岭，沿着山涧走八九里，就见飞瀑从石门一泻而下，回旋打转，绕过三道溪湾。最上层是断桥，有两块巨石倾斜联合，水流于此，迸裂飞溅，汇合后流转入潭；中间的层次，两巨石像门一样对峙，溪水被石门束缚，流势十分汹涌；最下层，潭的出口十分宽阔，潭水飞泻而出的地方像有水阀一样，从低洼的地方斜向下流。三层瀑布每层都有数丈高，各层景观都神奇到极致，但溪流顺石阶而下，蜿蜒曲折的地方被溪湾所遮掩，景色不能尽收眼底。再走一里多路，就看到了珠帘水，溪水向下倾泻的地方十分平阔，水分散开，流势徐缓，滔滔汩汩。我赤脚跳到草丛中，攀住树木，沿着崖壁攀登，莲舟不能随行。到夜色笼罩四野时，我才开始往回走。在仙筏桥上驻足，观赏着彩虹般的天然石桥、似在喷雪的飞瀑，这样的奇景几乎使人不想入眠。

【原文】

初四日：天山一碧如黛。不暇晨餐，即循仙筏上昙花亭，石梁即在亭外。梁阔尺余，长三丈，架两山坳间。两飞瀑从亭左来，至桥乃合流下坠，雷轰河隤[①]，百丈不止。余从梁上行，下瞰深潭，毛骨俱悚。梁尽，即为大石所隔，不能达前山，乃还。过昙花，入上方广寺。循寺前溪，复至隔山大石上，坐观石梁。为下寺僧促饭，乃去。饭后，十五里，抵万年寺，登藏经阁。阁两重，有南北经两藏。寺前后多古杉，悉三人围，鹤巢于上，传声嘹呖②，亦山中一清响也。是日，余欲向桐柏宫，觅琼台、双阙，路多迷津，遂谋向国清。国清去万年四十里，中过龙王堂。每下一岭，余谓已在平地，及下数重，势犹未止，始悟华顶之高，去天非远！日暮，入国清，与云峰相见，如遇故知，与商探奇次第。云峰言："名胜无如两岩，虽远，可以骑行。先两岩而后步至桃源，抵桐柏，则翠壁、赤城，可一览收矣。"

【注释】

①隤（tuí）：倒下、崩溃，此处指河水奔流迅猛。

②嘹呖（liáo lì）：形容声音响亮而清远。

【译文】

四月初四日：天空群山一片碧绿，如同画眉的黛色。我连早餐也无暇吃，就沿着仙筏桥登上昙花亭，石桥即在昙花亭外。石桥一尺多宽，三丈长，横架在两山坳之间。两股飞瀑从亭子左边流来，流到桥所在地就汇合成急流向下飞坠，声如雷鸣轰响，势如河堤坍塌，瀑布不止百丈高。我从石桥上走过去，俯瞰深潭，不禁毛骨悚然。走过石桥，路就被前面的大石所阻隔，不能由此去前山，于是我只好返还。经过昙花亭，进入上方广寺。顺着寺前的溪水，再爬上阻隔前山的大石上面，坐着观赏石桥。因为下方广寺的僧人催促去用饭，我才起身离开。吃过饭后，我又走了十五里路，到达万年寺，登上藏经阁。阁有两层，藏有南北两库佛经。万年寺前后种了许多古杉，都是需要三人才能围住的粗干，鹤在树上筑巢，传来嘹亮清脆悦耳的叫声，这也是山林中一种清脆的响声呀！这天，我原想去桐柏宫，寻觅琼台、双阙胜景，因路途中有许多使人迷惑的错道，于是改变计划去国清寺。国清寺离万年寺有四十里路，途中经过龙王堂。每走下一座山岭，我都以为已走到平地，等到向下走了数重山岭，发现山岭向下延伸的态势还未停止，这才开始领悟到华顶峰的高峻，离天不远了！傍晚时分，到了国清寺，我与云峰和尚相见，感觉像是遇到老知己，于是和他商量游览探奇的先后顺序。云峰说："风景名胜没有比寒岩、明岩更值得观览的，虽然路远，但可骑马前行。先游览寒岩、明岩，然后步行到桃源洞，抵达桐柏宫，那么翠壁、赤城栖霞两处胜景，便可一览眼底了。"

【原文】

初五日：有雨色，不顾，取寒、明两岩道，由寺向西门觅骑。骑至，雨亦至。五十里至步头，雨止，骑去。二里，入山，峰萦水映，木秀石奇，意甚乐之。一溪从东阳来，势甚急，大若曹娥。四顾无筏，负奴背而涉。深过于膝，移渡一涧，几一时。三里，至明岩。明岩为寒山、拾得[①]隐身地，两山回曲，《志》[②]所谓八寸关也。入关，则四围峭壁如城。最后，洞深数丈，广容数百人。洞外，左有两岩，皆在半壁；右有石笋突耸，上齐石壁，相去一线，青松紫蕊，蓊苁[③]于上，恰与左岩相对，可称奇绝。出八寸关，复上一岩，亦左向。来时仰望如一隙，及登其上，明敞容数百人。岩中一井，曰仙人井，浅而不可竭。岩外一特石，高数丈，上岐立如两人，僧指为寒山、拾得云。入寺。饭后云阴溃散，新月在天，人在回崖顶上，对之清光溢壁。

【注释】

①寒山、拾得：唐代二僧。寒山曾隐居天台山寒岩，和拾得友好，善作诗，有《寒山子集》二卷。拾得，著有《丰干拾得诗》一卷。后人常以寒山、拾得并称，尊为"和合二仙"。

②《志》：指《大明一统志》。下文《志》《一统志》亦同。

③蓊苁（wěng cōng）：草木茂盛。

【译文】

四月初五日：天像要下雨，但也顾不及了，我选择了去寒岩、明岩的道路，由国清寺去西门寻找乘马。乘马到的时候，雨落下来。骑行了五十里路到达步头，这时雨停了，我将乘马打发走。步行二里路后，我进入山中，山峰倒映在萦绕它周围的溪水里，草木茂盛，岩石奇异，人的心情为此感到快乐。一条溪水从东阳流来，水势十分湍急，流量之大与曹娥江相当。四处一看，发现这儿没有竹筏可以渡人，我只好让仆人背着我涉水过溪。溪水之深没过了膝盖，我们渡过一条溪涧，将近花去一个时辰。又走三里路，到达明岩。明岩是寒山、拾得两位高僧隐居之地，两座山迂回曲折，这即《大明一统志》所记述的八寸关。进入八寸关，四围的峭壁就像城墙。最后面，有一深数丈的山洞，宽广能容纳数百人。山洞外面，左边有两块岩石，都悬在半山的石壁之间；右边有石笋突出耸立，顶上与石壁齐高，而相去仅有一线之地。石笋顶上青色的松柏、紫色的花蕊生长繁茂，刚好与左侧的岩石相对，这可称得上极度奇特的景观。走出八寸关，再登上一座石岩，也是方向朝左。来的时候，抬头看它如同一道缝隙，待攀登到石岩顶上，才发现它明亮宽敞可容纳数百人。石岩中间有一口井，叫仙人井，虽然水浅却不会枯竭。石岩外又有一块奇特的石头，有数丈之高，上部像两个人分开对立，这儿的僧人指点说，这是寒山、拾得的化身。我回到寺里，吃过晚饭后，阴云散尽，见一弯新月挂在天上，人站在回崖顶上，对着月亮，看到清澈的月光照满岩壁。

【原文】

初六日：凌晨出寺，六七里至寒岩。石壁直上如劈，仰视空中，洞穴甚多。岩半有一洞，阔八十步，深百余步，平展明朗。循岩右行，从石隘仰登。岩坳有两石对耸，下分上连，为鹊桥，亦可与方广石梁争奇，但少飞瀑直下耳。还饭僧舍，觅筏渡一溪。

循溪行山下，一带峭壁巉[①]崖，草木盘垂其上，内多海棠、紫荆，映荫溪色，香风来处，玉兰芳草，处处不绝。已至一山嘴，石壁直竖涧底，涧深流驶，旁无余地。壁上凿孔以行，孔中仅容半趾，逼身而过，神魄为动。自寒岩十五里至步头，从小路向桃源。桃源在护国寺旁，寺已废，土人[②]茫无知者。随云峰莽行曲路中，日已堕，竟无宿处，乃复问至坪头潭。潭去步头仅二十里，今从小路，反迂回三十余里宿，信桃源误人也！

【注释】

①巉（chán）：山势高峻。

②土人：土著，当地居民。

【译文】

四月初六日：凌晨，我从寺里出发，行进六七里后到达寒岩。石壁像刀劈的一样笔直向上，仰视空中，有很多洞穴。岩壁半中腰有一洞穴，宽八十步，深一百多步，洞内平坦而明亮。顺着石岩右边走，从石岩的窄道向上攀登。石岩的下凹处有两块岩石相对耸立，下部分开而上部相连，即所谓的鹊桥，可以与上方广寺的石桥互争奇异，只是这里少了垂泻的飞瀑罢了。返回僧舍用饭后，找到一竹筏渡过一条溪流，顺溪流行至山下，这一带都是峭壁高崖，草丛树木在上面盘绕垂落，里面有很多海棠树、紫荆藤，浓荫倒映溪中，香风徐来，玉兰花、芳草的馨香，充盈于空气的各个角落，绵绵不绝。又前行，走到一山嘴处，我见岩壁笔直竖立在涧底，山涧深、水流湍急，边上没有多余的空地。岩壁上凿有石孔供通行，石孔中只能放下半只脚，身体紧贴岩壁方能走过，这真让人惊心动魄。我从寒岩走出十五里路到达步头，从小路再去桃源洞。桃源洞在护国寺旁，而护国寺的庙宇已成废墟，问及当地人，他们亦对它的历史茫然不知。我跟着云峰和尚在草木丛生的弯曲的山路上行走，到太阳落山时，竟还没找到歇宿的地方，通过再次问路，才到达坪头潭。从坪头潭到步头仅有二十里路，从小路走，反而迂回三十多里，才找到住宿的地方，确实是桃源洞耽误人了。

【原文】

初七日：自坪头潭行曲路中三十余里，渡溪入山。又四五里，山口渐夹①，有馆曰桃花坞②。循深潭而行，潭水澄碧，飞泉自上来注，为鸣玉涧。涧随山转，人随涧行。两旁山皆石骨，攒峦夹翠，涉目成赏，大抵胜在寒、明两岩间。涧穷路绝，一瀑从山坳泻下，势甚纵横。出饭馆中，循坞东南行，越两岭，寻所谓“琼台”“双阙”，竟无知者。去数里，访知在山顶。与云峰循路攀援，始达其巅。下视峭削环转，一如桃源，而翠壁万丈过之。峰头中断，即为双阙；双阙所夹而环者，即为琼台。台三面绝壁，后转即连双阙。余在对阙，日暮不及复登，然胜已一目尽矣。遂下山，从赤城后还国清，凡三十里。

【注释】

①夹：狭窄。

②坞（wù）：四面高中间低的山洼。

【译文】

四月初七日：我从坪头潭出行，在蜿蜒曲折的山路中走了三十多里路，渡过溪水进入五台山。又前行四五里，山口渐渐变窄，这有一个叫桃花坞的旅馆。我沿着深潭而行，潭水澄清碧绿，飞落的山泉水从上注入潭中，叫作鸣玉涧。涧水顺着山流转，人则顺着涧水边走。山涧两边的山都是坚硬的岩石，攒簇的山峦夹杂着翠色，视线所及之处都是可以欣赏的景色，景色美好大体上都在寒岩、明岩这两岩之间。行至涧水流尽处，路就没有了，一条瀑布从山坳倾泻下来，态势十分纵横磅礴。吃过午饭，我们从桃花坞出来，顺着山坳向东南方走，翻越两座山岭，去寻觅所说的“琼台”“双阙”两处胜景，但询问时竟然没有人知道。走出数里路，才访知两处胜景在山顶上。与云峰和尚顺山路攀援而上，才到达山巅。往下看那陡峭窄削回环旋转的山崖，就像桃源洞的景致，而布满绿树的万丈岩壁则比桃源洞景致更美。山峰之顶中间被断隔分开，就是所谓的双阙；夹在双阙正中间的环形石台，就是琼台。琼台的三面都是绝壁，向后转那一面就与双阙相连接。我已经站在对阙之上，天黑了来不及再爬上琼台。然而，优美的景致已一览无余。于是我们下山，从赤城后面返回国清寺，总计旅程三十里。

【原文】

初八日：离国清，从山后五里登赤城。赤城山顶圆壁特起，望之如城，而石色微赤。岩穴为僧舍凌杂，尽掩天趣。所谓玉京洞、金钱池、洗肠井，俱无甚奇。

【译文】

四月初八日：我离开国清寺，从山后走五里路后登上赤城。赤城山顶上有个耸起的圆形岩壁，看起来像一座城墙，而岩石的颜色微微发红。岩洞成了和尚们凌乱的房舍，天然的景趣完全被遮盖掉了。所说的玉京洞、金钱池、洗肠井，都没有什么很奇特的地方。

游雁宕山[①]日记

【原文】

自初九日别台山，初十日抵黄岩。日已西，出南门，步行三十里，宿于八岙。

十一日：二十里，登盘山岭。望雁山诸峰，芙蓉插天，片片扑人眉宇。又二十里，饭大荆驿。南涉一溪，见西峰上缀圆石，奴辈[②]指为两头陀[③]，余疑即老僧岩，但不甚肖。五里，过章家楼，始见老僧真面目：袈衣秃顶，宛然兀立，高可百尺。侧又一小童伛偻[④]于后，向为老僧所掩耳。自章楼二里，山半得石梁洞。洞门东向，门口一梁，自顶斜插于地，如飞虹下垂。由梁侧隙中层级而上，高敞空豁。坐顷之，下山。由右麓逾谢公岭，渡一涧，循涧西行，即灵峰道也。一转山腋，两壁峭立亘天[⑤]，危峰乱叠，如削如攒，如骈笋，如挺芝，如笔之卓[⑥]，如幞[⑦]之欹[⑧]。洞有口如卷幕者，潭有碧如澄靛者。双鸾、五老，接翼联肩。如此里许，抵灵峰寺。循寺侧登灵峰洞。峰中空，特立寺后，侧有隙可入。由隙历磴数十级，直至窝顶，则窅然[⑨]平台圆敞，中有罗汉诸像。坐玩至暝色，返寺。

【注释】

①雁宕（dàng）山：简称雁山，今称雁荡山。“宕”同“荡”。积水长草的洼地称为“荡”，该山顶部有荡，相传秋天大雁南归时多宿于此，故称“雁荡”。

②奴辈：指跟随作者游历的仆人。

③头陀：梵文音译，指赤脚行游化缘的僧人。

④伛偻（yǔ lǚ）：弯腰驼背。

⑤亘（gèn）天：直贯天空。

⑥卓：挺立。

⑦幞（fú）：幞头，古代的一种头巾，形制繁多。

⑧攲（qī）：倾斜，歪向一边。

⑨窅（yǎo）然：深远的样子。

【译文】

我从四月初九日离开天台山，初十抵达黄岩。太阳已向西沉时，我才从南门走出三十里，歇宿于八岙的旅舍。

四月十一日：我走了二十里路，登上盘山岭。遥望着雁荡山的诸多山峰，就像芙蓉花直耸入天，片片花瓣般扑入人的眉宇之间。我又前行二十里路，在大荆驿用饭。饭后，向南渡过一条溪水，见西边的山峰上点缀着一块圆石，奴仆们认定是两头陀岩，我则怀疑这就是老僧岩，但又不太像。我走了五里路，经过章家楼，才看清楚老僧岩的真实面目：身着袈裟，头顶光秃，形象逼真，突兀地直立着，高约百尺。其侧边又有一块岩石像个小孩儿弯腰驼背地跟在后面，只是平时被这老僧遮掩住了。从章家楼走出二里路，在山半腰处找到石梁洞。洞门向着东边，门口有一坐石桥，从洞顶斜着插入地面，好像腾飞的彩虹垂落下来。由石桥侧面的缝隙中一级一级往上走，上面敞亮空阔。休息了片刻，我才下山去。由右边的山麓越过谢公岭，渡过一条溪涧，顺着涧边向西走，就是去灵峰的道路。刚一转过山腋，就见两边岩壁峭立，横亘入天，险峰交错重叠，形态万千，有的像刀削陡直，有的像群峰攒聚，有的像马匹并列，有的像竹笋插天，有的像挺的灵芝，有的挺直的笔，有的像倾斜的头巾。山洞有个洞口，像卷开帷幕一样，水潭有的碧绿，像澄清的蓝靛一般。双鸾峰与五老峰，翅膀连着翅膀，肩并着肩。在这样的景致里走了一里多路，就到达了灵峰寺。顺灵峰寺侧的山道登上灵峰洞。灵峰洞中间是空的，独特地耸立于灵峰寺后。其侧面有缝隙可以进入。从缝隙处走过数十级石磴，直达窝顶上，深远处像方圆而宽敞的平台，其中有十八罗汉等塑像。我坐在平台上一直赏玩至夜色降临，方才返回寺中。

【原文】

十二日：饭后，从灵峰右趾觅碧霄洞。返旧路，抵谢公岭下。南过响岩，五里，至净名寺路口。入觅水帘谷，乃两崖相夹，水从崖顶飘下也。出谷五里，至灵岩寺。绝壁四合，摩天劈地，曲折而入，如另辟一寰界。寺居其中，南向，背为屏霞嶂。嶂[①]顶齐而色紫，高数百丈，阔亦称之。嶂之最南，左为展旗峰，右为天柱峰。嶂之右胁介于天柱者，先为龙鼻水。龙鼻之穴从石罅[②]直上，似灵峰洞而小。穴内石色俱黄紫，独罅口石纹一缕，青绀[③]润泽，颇有鳞爪之状。自顶贯入洞底，垂下一端如鼻，鼻端孔可容指，水自内滴下注石盆。此嶂右第一奇也。西南为独秀峰，小于天柱，而高锐不相下。独秀之下为卓笔峰，高半独秀，锐亦如之两峰。南坳轰然下泻者，小龙湫也。隔龙湫与独秀相对者，玉女峰也。顶有春花，宛然插髻。自此过双鸾，即极于天柱。双鸾止两峰并起，峰际有"僧拜石"，袈裟伛偻，肖矣。由嶂之左胁，介于展旗者，先为安禅谷，谷即屏霞之下岩。东南为石屏风，形如屏霞，高阔各得其半，正插屏霞尽处。屏风顶有"蟾蜍石"，与嶂侧"玉龟"相向。屏风南去，展旗侧褶中，有径直上，磴级尽处，石阈限之。俯阈而窥，下临无地[④]，上嵌崆峒。外有二圆穴，侧有一长穴，光自穴中射入，别有一境，是为天聪洞，则嶂左第一奇也。锐峰叠嶂，左右环向，奇巧百出，真天下奇观！而小龙湫下流，经天柱、展旗，桥跨其上，山门临之。桥外含珠岩在天柱之麓，顶珠峰在展旗之上。此又灵岩之外观也。

【注释】

①嶂（zhàng）：高险如屏障的山。

②罅（xià）：缝隙，裂缝。

③青绀（gàn）：红青色。

④下临无地：向下望去深不见底，形容极其高峻陡峭。临，从高处往低处看。

【译文】

四月十二日：我吃完饭后，从灵峰右侧山脚出发去寻觅碧霄洞。返回之前走过的路，到达谢公岭下。从南边经过响岩，走过五里路，到达净名寺路口；再走进去寻觅水帘谷，原来水帘谷就是两岩相夹，流水从崖顶上飘落而下。走出水帘谷五里路，就到了灵岩寺。这里四面围合着绝壁，天高地险，通过曲折的小道进去，发现里面仿佛开辟出了另一个辽阔的世界。灵岩寺位于其中间，面朝南，背后则是屏霞嶂。屏霞嶂顶部平而整齐，岩石呈紫色，高有数百丈，宽与高相称。屏霞嶂的最南处，左面是展旗峰，右面是天柱峰。介于屏霞嶂右胁与天柱峰当中的地方，最先看见的是龙鼻水。龙鼻水的出水洞穴，从岩石缝隙一直向上处，像是灵峰洞，但又小一些。洞穴内岩石的颜色都呈黄紫色，只有缝隙口有一缕青红色的石纹，石质润泽，很像龙鳞龙爪的形状。从洞顶部连贯到洞底，落下的一端很像人的鼻子，鼻尖端的石孔可以容纳手指，水就从石孔内滴下来，注入石盆中。这就是屏霞嶂右边的第一奇景了。屏霞嶂西南面是独秀峰，小于天柱峰，但高度和尖锐度相当。独秀峰之下是卓笔峰，高度有独秀峰的一半，岩石的尖锐度也差不多。南面的山坳间，轰然向下飞泻的，就是小龙湫瀑布了。隔着小龙湫瀑布和独秀峰相对的，是玉女峰。峰顶开满春天的花朵，美艳似插在发髻上的头饰。从此经过双鸾峰，天柱峰就是尽头。双鸾峰只有两座山峰并列耸起。峰际有“僧拜石”，身着袈裟、弯腰驼背，很像老僧人。由屏霞嶂的左胁、介于展旗峰的中间的地方，最前面是安禅谷，安禅谷即屏霞嶂的下岩。东南面是石屏风，形状像屏霞嶂，高度、宽度各为屏霞嶂的一半，正好插在屏霞嶂的尽头处。石屏风顶有“蟾蜍石”，与屏霞嶂侧面的“玉龟石”相对。从石屏风向南去，展旗峰侧面的褶皱中，有小路笔直向上，石级穷尽的地方，有石门槛阻隔着。从石门槛俯瞰窥视，看不到尽头，头顶上镶嵌着高峻的岩崖。展旗峰外有两个圆孔，侧面有一个长孔，亮光从孔穴中射进来，别有一种境界，这就是天聪洞，是屏霞嶂左方的第一奇景。尖峰像屏障重叠，左右回环相对，奇特精巧的景色频现，真不愧为天下奇观！而小龙湫瀑布的水向下流过天柱峰、展旗峰，有石桥横跨溪流之上，灵岩寺的山门则面对石桥。石桥外面，含珠岩在天柱峰麓，顶珠峰则在展旗峰之上。这又是灵岩寺的外部景观了。

【原文】

十三日：出山门，循麓而右，一路崖壁参差，流霞映彩。高而展者，为板嶂岩。岩下危立而尖夹者，为小剪刀峰。更前，重岩之上，一峰亭亭插天，为观音岩。岩侧则马鞍岭横亘于前。鸟道①盘折，逾坳右转，溪流汤汤②，涧底石平如砥③。沿涧深入，约去灵岩十余里，过常云峰，则大剪刀峰介立涧旁。剪刀之北，重岩陡起，是名连云峰。从此环绕回合，岩穷矣。龙湫之瀑，轰然下捣潭中，岩势开张峭削，水无所着，腾空飘荡，顿令心目眩怖。潭上有堂④，相传为诺讵那⑤观泉之所。堂后层级直上，有亭翼然。面瀑踞坐久之，下饭庵中，雨廉纤⑥不止，然余已神飞雁湖山顶。遂冒雨至常云峰，由峰半道松洞外，攀绝磴三里，趋白云庵。人空庵圮，一道人⑦在草莽中，见客至，望望去。再入一里，有云静庵，乃投宿焉。道人清隐，卧床数十年，尚能与客谈笑。余见四山云雨凄凄，不能不为明晨忧也。

【注释】

①鸟道：形容道路险绝盘折。

②汤汤（shāng shāng）：水势浩大，水流急的样子。

③砥：磨刀石。

④堂：四方而高的建筑。

⑤诺讵那：罗汉名，又作诺矩罗。

⑥廉纤：细雨。

⑦道人：修道之人，此处指和尚。

【译文】

四月十三日：我从灵岩寺山门出来，顺山麓向右走，一路上只见山崖、岩壁参差错落，流动的云朵映照着山间色彩。高峻而顶部平展的，是板嶂岩。板嶂岩下耸立着的又尖又窄狭的山，是小剪刀峰。再往前走，在重重叠叠的山岩之上，一座亭亭玉立的山峰直耸云天，那就是观音岩。观音岩侧面则是马鞍岭横亘在前方。险要的山道盘旋、曲折，越过山坳向右转，有溪流水势湍急、浩大，山涧底部的石头平坦得像细的磨刀石。沿着山涧向深处走去，大约距离灵岩寺十余里，经过常云峰，又见大剪刀峰介立于涧旁。大剪刀峰北面，重重石岩陡然耸起，它的名称叫连云峰。从这里，山环水绕，峰回壁合，石崖的景象到这里就没有了。大龙湫瀑布的流水，轰然垂落，泄入潭中。山岩的态势开阔而陡峭，而流水没有河床承受，于是腾空飘荡而下，很让人眼睛晕眩而心生恐惧。水潭上方建有庙堂，相传是诺讵那罗汉观赏流泉的地方。从庙堂后面沿石级直上，有座亭子与瀑布相对，好似飞鸟展翅。我盘腿坐着观赏了很久，才走回庵中吃饭。细雨绵绵不绝，然而我的心神早已飞到雁湖山顶。于是，我冒着雨到达常云峰，从常云峰半腰的道松洞外，攀登非常险峻的石磴有三里之多，赶到白云庵。人去庵塌，有一个和尚在草丛中，见有客人到来，望了望就离开了。再往里走一里路，到了云静庵，我就在此投宿。和尚清隐，病卧在床数十年，还能与客人对谈称笑。我见四面山峰阴云遮盖，阴雨凄凄，不能不为明天早晨的旅程感到担忧了。

【原文】

十四日：天忽晴朗，乃强清隐徒为导。清隐谓湖中草满，已成芜田，徒复有他行，但可送至峰顶。余意至顶，湖可坐得，于是人捉一杖，跻①攀深草中，一步一喘，数里，始历高巅。四望白云，迷漫一色，平铺峰下。诸峰朵朵，仅露一顶，日光映之，如冰壶瑶②界，不辨海陆。然海中玉环③一抹，若可俯而拾也。北瞰山坳壁立，内石笋森森，参差不一。三面翠崖环绕，更胜灵岩。但谷幽境绝，惟闻水声潺潺，莫辨何地。望四面峰峦累累，下伏如丘垤④，惟东峰昂然独上，最东之常云，犹堪比肩。

【注释】

①跻（jī）：登。

②瑶：瑶台，传说中神仙居住的地方。

③玉环：明代乐清县东海中的玉环岛，现为浙江省玉环县。

④丘垤（dié）：小土堆。

【译文】

四月十四日：天气忽然间晴朗起来，于是我强请清隐和尚的徒弟做向导。清隐说，雁湖中长满杂草，已成为荒芜的田野，徒弟还有别的行程，但可以送我到峰顶。我想，只要到达峰顶，便得以坐览雁湖；于是每人手握一根拐杖，在深邃的杂草丛中攀爬，走一步喘口气，这样走了数里路，才到达高峰之顶。环顾四周，白云漫天，一片白色平铺在山峰下面。周围的座座山峰，仅露出一点峰顶，阳光照在峰顶上，景色就像冰洁的玉壶、神仙的瑶台一般，让人难以分辨海洋和陆地。然而，那云雾中露出的碧海像一抹玉环，似乎可以俯身拾起。向北俯瞰，山坳中岩壁耸立，里面石笋繁茂，参差不一。三面有绿树丛生的山崖环绕，景致比灵岩寺更优美。但山谷幽深而环境险极，只听见潺潺的流水声，却分辨不出声音来自什么地方。环顾四面山峦，低伏的犹如小土堆，只有东面的山峰昂然独自向上，只有最东边的常云峰，尚可与它比肩。

【原文】

导者告退，指湖在西腋一峰，尚须越三尖。余从之，及越一尖，路已绝；再越一尖，而所登顶已在天半。自念《志》云："宕在山顶，龙湫之水，即自宕来。"今山势渐下，而上湫之涧，却自东高峰发脉，去此已隔二谷。遂返辙而东，望东峰之高者趋之，莲舟疲不能从。由旧路下，余与二奴东越二岭，人迹绝矣。已而山愈高，脊愈狭，两边夹立，如行刀背。又石片棱棱怒起，每过一脊，即一峭峰，皆从刀剑隙中攀援而上。如是者三，但见境不容足，安能容湖？既而高峰尽处，一石如劈，向惧石锋撩人，至是且无锋置足矣！踌躇崖上，不敢复向故道。俯瞰南面石壁下有一级，遂脱奴足布四条，悬崖垂空，先下一奴，余次从之，意可得攀援之路。及下，仅容足，无余地。望岩下斗[①]深百丈，欲谋复上，而上岩亦嵌空三丈余，不能飞陟。持布上试，布为突石所勒，忽中断。复续悬之，竭力腾挽，得复登上岩。出险，还云静庵，日已渐西。主仆衣履俱敝，寻湖之兴衰矣。遂别而下，复至龙湫，则积雨之后，怒涛倾注，变幻极势，轰雷喷雪，大倍于昨。坐至暝始出，南行四里，宿能仁寺。

【注释】

①斗：通"陡"。

【译文】

给我做向导的小和尚告辞时，指点说雁湖在西面中部的一座山峰上，还必须翻越三座尖山。我听从他的话，等到翻过一座尖山，路已断绝；再越过一座尖山，一看所要登临的山顶，已经在天的中间。自己想，《大明一统志》说："雁荡在山顶，龙湫瀑布的流水，就是从雁荡而来。”现在山的地势逐渐下降，而上龙湫的山涧，却是从东面的高峰发脉，距离这里已隔开两道山谷。于是改变路线转而向东行进，望着东面诸峰中的高峻山峰前进，莲舟疲劳到不能跟从。由原路向下走，我与两个奴仆向东越过两座山岭，这里全然没有人迹；接着，前面的山越来越高，山脊越来越狭窄，两边夹峙耸立，人像在刀背上行走。而且石片的棱角尖锐异常，每经过一道山脊，即遇到一座峭削的山峰，都是从如刀剑般尖锐的石片的缝隙中攀援而上。就像这样攀越了多次，但见所到处甚至没有落脚之地，又怎能容纳下一个湖泊呢？不久在高峰的尽头处，一石崖像刀劈一般陡峭，我一向惧怕石片锋利伤人，而到这里甚至是连放置脚步的锋利石片也没有了！我在山崖上犹豫不决，不敢在回来时走旧路。俯瞰南面的岩壁上有一石级，于是叫奴仆们脱下四条裹脚布接成布绳，从悬崖上悬空垂下，先下去一个奴仆，我接着下去，想着可以找到攀援的路。等下到石级处，才发现这里除了能容纳双脚，再没有多余的地方。遥望岩壁下面，非常陡峭，深有百丈，想要设法再上去，但上面的岩石嵌在空中三丈多高的地方，不能飞越登高上去。我手拉布绳试着往上攀登，布绳被凸出的锋利石头所紧勒，忽然中断。重新把布绳续接悬挂好，我竭尽全力挽着布绳腾空跳跃，才得以再次攀登到上面的岩石上。脱离险境，回到云静庵时，太阳已经西坠。主仆三人的衣服和鞋子全都被弄得破洞褴褛，寻觅雁湖的兴致由此大为减退。于是，告别清隐师徒下山，再次到龙湫瀑布，这里的溪水在积雨过后，汹涌的波涛倾注，态势变幻极大，声音大似雷鸣轰响，浪花飞溅像喷雪，水势比昨天增大一倍。我在这儿一直坐到夜晚才出山门，之后向南行四里路，并在能仁寺歇宿。

【原文】

十五日：寺后觅方竹数握，细如枝；林中新条，大可径寸，柔不中[1]杖，老柯斩伐殆尽矣！遂从岐度四十九盘，一路遵海而南，逾窑岙岭，往乐清。

【注释】

①中（zhòng）：合，符合要求。

【译文】

四月十五日：我在能仁寺后面找到好几把方竹，都细如树枝；竹林中新长的竹条，大的直径可达一寸，质地柔软，不适合做拐杖，可老的竹条已经被砍伐得快要没有了！于是，我从岔道度过四十九盘岭，一路顺着东海边向南行，翻越窑岙岭，前往乐清县。

游黄山[①]日记

（徽州府）

【原文】

初二日：自白岳下山，十里，循麓而西，抵南溪桥。渡大溪，循别溪，依山北行。十里，两山峭逼如门，溪为之束。越而下，平畴颇广。二十里，为猪坑。由小路登虎岭，路甚峻。十里，至岭。五里，越其麓。北望黄山诸峰，片片可掇。又三里，为古楼坳。溪甚阔，水涨无梁，木片弥[②]布一溪，涉之甚难。二里，宿高桥。

【注释】

①黄山：原名黟（yī）山，位于今安徽省南部黄山市。

②弥：遍布。

【译文】

二月初二日：我从白岳山下山，走了十里路，顺着山麓向西行，抵达南溪桥。渡过大溪，顺着别溪水，沿着山麓向北走。走过十里路，看见两座山陡峭而逼近，像两扇门，溪水被它所约束。越过两山向下走，眼前平坦的田野很宽广。再走二十里路，就到了猪坑。我从小路攀登虎岭，小路十分险峻。又走十里路，到达虎岭。走完五里路，越过虎岭山麓，向北遥望黄山的各座山峰，小如片片山石，似乎可以拾取。又走了三里路，就到了古楼坳。溪水很宽阔，溪水上涨而又没有桥梁，木片遍布溪水当中，涉水十分困难。我又走了二里路，最后就在高桥歇宿。

【原文】

初三日：随樵者行，久之，越岭二重。下而复上，又越一重。

两岭俱峻，曰双岭。共十五里，过江村。二十里，抵汤口[1]，香溪、温泉诸水所由出者。折而入山，沿溪渐上，雪且没趾。五里，抵祥符寺。汤泉在隔溪，遂俱解衣赴汤池。池前临溪，后倚壁，三面石甃[2]，上环石如桥。汤深三尺，时凝寒未解，而汤气郁然[3]，水泡池底汩汩起，气本香冽。黄贞父谓其不及盘山，以汤口、焦村孔道，浴者太杂遝[4]也。浴毕，返寺。僧挥印引登莲花庵，蹑雪循涧以上。涧水三转，下注而深泓者，曰白龙潭；再上而停涵石间者，曰丹井。井旁有石突起，曰“药臼”，曰“药铫[5]”。宛转随溪，群峰环耸，木石掩映。如此一里，得一庵，僧印我他出，不能登其堂。堂中香炉及钟鼓架，俱天然古木根所为。遂返寺宿。

【注释】

①汤口：今名同，在黄山南缘的公路边，是进入黄山的门户。

②甃（zhòu）：砖砌的井壁。

③郁然：水汽旺盛的样子。

④杂遝（tà）：多而杂乱。

⑤铫（diào）：便携的小金属锅。

【译文】

二月初三日：我跟随樵夫一同行走，走了很久，翻越过两座山岭。下山后再重新爬上另一座山，又翻越过一座山岭。两座山岭都很险峻，名叫双岭。总共走了十五里，经过江村。走二十里路后，到达汤口，这是香溪、温泉多条溪流所流出的地方。我们折转方向进入山里，沿着溪水逐渐上山，雪的厚度没过脚趾。又走了五里路，就抵达祥符寺。温泉就在隔溪可见的地方，于是大家都脱掉衣服到温水池里洗澡。温泉池前临近溪水，后倚靠岩壁，三面都用石头镶砌，上面环架着的石条就像桥一样。温泉水深三尺，当时冬寒还没有解除，而温泉水汽很旺盛，水泡从池子底部汩汩地冒起来，气味原本就很清香。黄贞父说黄山的温泉不及盘山好，是因为汤口、焦村是交通孔道，来洗浴的人太过纷杂。洗浴完，我们返回祥符寺。挥印和尚引着我们登山去莲花庵，踏着积雪，顺着山涧上山。涧水绕过三道湾，往下流，注入一泓深潭，那潭就叫白龙潭；再往上，山涧水所停留的涵洞间，叫丹井。丹井旁有石头突起，叫“药臼”，也叫“药铫”。随着蜿蜒的溪水前行，只见四周群山耸立、环绕，树林与山石相互掩映。在这样的景致里走了一里路，我们找到一座寺庵，因印我和尚有他事外出，所以我们不能进入庵堂。只看见庵堂中的香炉及钟、鼓架，都是用天然的古树根雕所制。于是最后，我们只得返回祥符寺住宿。

【原文】

初四日：兀坐[1]听雪溜竟日。

初五日：云气甚恶，余强卧至午起。挥印言慈光寺颇近，令其徒引。过汤池，仰见一崖，中悬鸟道，两旁泉泻如练[2]。余即从此攀跻上，泉光云气，撩绕衣裾。已转而右，则茅庵上下，磬韵香烟，穿石而出，即慈光寺也。寺旧名硃砂庵。比丘[3]为余言：“山顶诸静室，径为雪封者两月。今早遣人送粮，山半雪没腰而返。”余兴大阻，由大路二里下山，遂引被卧。

【注释】

①兀（wù）坐：枯坐。

②练：丝帛。

③比丘：梵语bhiksu的音译，一般意译为“乞士”，俗称“和尚”。

【译文】

二月初四日：我枯坐着，一整天就在听积雪滑落的声音中度过。

二月初五日：天气很糟，阴云、寒气险恶，我强使自己睡在床上，到中午才起床。挥印和尚说慈光寺很近，让他的徒弟引导我们去游览。经过温泉池，我抬头看见一山崖，它的中间悬着艰险的小道，小道两旁倾泻而下的泉水就像雪白的丝帛。我就从这里攀登上去，泉水的反光与云气，在衣服前后缭绕。后来转向右走，就见茅草寺庵上下，磬钹的声韵与袅袅香烟，穿过石头散发出来，这就是慈光寺。慈光寺旧名硃砂庵。和尚对我说："山顶上的各处静室，其道路被积雪封闭已两个月时间。今早我们派人送去粮食，因山半腰积雪太厚，已没过腰间，所以只好返回。"我的兴致因此大为消减，于是从大道走了二里路下山，回到住所，早早就拉过棉被睡觉了。

【原文】

初六日：天色甚朗。觅导者各携筇[①]上山，过慈光寺。从左上，石峰环夹，其中石级为积雪所平，一望如玉。疏木茸茸中，仰见群峰盘结，天都独巍然上挺。数里，级愈峻，雪愈深，其阴处冻雪成冰，坚滑不容着趾。余独前，持杖凿冰，得一孔置前趾，再凿一孔，以移后趾。从行者俱循此法得度。上至平冈，则莲花、云门诸峰，争奇竞秀，若为天都拥卫者。由此而入，绝巘[②]危崖，尽皆怪松悬结。高者不盈丈，低仅数寸，平顶短鬣[③]，盘根虬干，愈短愈老，愈小愈奇，不意奇山中又有此奇品也！松石交映间，冉冉僧一群从天而下，俱合掌言："阻雪山中已三月，今以觅粮勉到此。公等何由得上也？"且言："我等前海诸庵，俱已下山，后海山路尚未通，惟莲花洞可行耳。"已而从天都峰侧攀而上，透峰罅而下，东转即莲花洞路也。余急于光明顶、石笋矼[④]之胜，遂循莲花峰而北。上下数次，至天门。两壁夹立，中阔摩肩，高数十丈，仰面而度，阴森悚骨。其内积雪更深，凿冰上跻，过此得平顶，即所谓前海也。由此更上一峰，至平天矼。矼之兀突独耸者，为光明顶。由矼而下，即所谓后海也。盖平天矼阳为前海，阴为后海，乃极高处，四面皆峻坞，此独若平地。前海之前，天都、莲花二峰最峻，其阳属徽之歙[5]，其阴属宁之太平。

【注释】

①筇（qióng）：一种竹子，可以做手杖，此处即手杖。

②巘（yǎn）：大小成两截的山。

③鬣（liè）：松针。

④矼（gāng）：又作“杠”，即石桥。

⑤歙（shè）：地名，歙县。

【译文】

二月初六日：天气十分晴朗。我寻觅到一位向导，大家各自拿着手杖上山，经过慈光寺。从左面往上攀登，石峰环绕相夹，其中的石级被积雪掩平，一眼看去似玉一般洁白。置身于披满茸茸雪花的稀疏树木中，我仰头看见黄山群峰盘根错节，唯独天都峰巍然挺立于群峰之上。往上走数里路，石级越来越险峻，积雪越来越深，那些背阴的地方，雪已冻结成冰，坚硬而湿滑，无处落脚。我独自一人前进，拿着竹杖凿冰，挖出一个孔放置前脚，再凿一个孔，用来移动后脚。跟从我的人通过沿用此法，也顺利地走过了这里。往上走到平冈，我看见莲花峰、云门峰等各座山峰争奇竞秀，就像是在替天都峰护卫。从这里进去，无论是极陡峭的山，或是高峻的石崖上，全都是怪异的松树悬空盘结，高的不超过一丈，矮的仅有几寸，平顶上的松树松针很短，盘根错节，枝干虬曲，越是短粗的越是老松，越是矮小的越是奇异，没想到这奇山中又有此种奇特的品种！在奇松怪石交相辉映之间，一群和尚似由天降，慢慢地向我走来，他们都合起掌说：“我们被雪阻隔在山中已三个月，今天因为寻觅粮食勉强走到这里。诸公因什么得以上山来？”又说：“我们前海各庵的僧人，都已下山；后海的山路尚未通行，只有莲花洞的路可以走了。”后来，我就从天都峰侧面攀援而上，穿过山峰缝隙下山，向东转就到了去莲花洞的路。我急切地想游览光明顶、石笋矼的胜景，于是顺着莲花峰向北走，上下攀援多次，才到达天门。天门两边的石壁相峙立，中间狭窄，宽仅能摩肩而行，高则数十丈，仰面向上度量，阴森得令人毛骨悚然。天门里积雪更深，我凿出冰洞向上攀登。走过这里就到平顶，就是人们所说的前海了。从这里再登上一峰，就到了平天矼。平天矼上独耸而突兀的地方，是光明顶。从平天矼向下走，就是所谓的后海了。原来平天矼的南面是前海，北面是后海，就是最高的地方，四面都是险峻的凹地，唯独这里犹如平地。前海的前面，天都、莲花两座山峰最险峻，它的南面属于徽州府的歙县，它的北面属于宁国府的太平县。

【原文】

余至平天矼，欲望光明顶而上。路已三十里，腹甚枵[①]，遂入矼后一庵。庵僧俱踞石向阳。主僧曰智空，见客色饥，先以粥饷。且曰："新日太皎，恐非老晴。"因指一僧谓余曰："公有余力，可先登光明顶而后中食，则今日犹可抵石笋矼，宿是师处矣。"余如言登顶，则天都、莲花并肩其前，翠微、三海门环绕于后，下瞰绝壁峭岫[②]，罗列坞中，即丞相原也。顶前一石，伏而复起，势若中断，独悬坞中，上有怪松盘盖。余侧身攀踞其上，而浔阳踞大顶相对，各夸胜绝。

【注释】

①腹甚枵（xiāo）：意思是肚子很饥饿。枵，空虚。

②岫（xiù）：山峰。

【译文】

我到平天矼时，本想朝光明顶攀登而上，但那时已走了三十里路，腹空饥饿，于是走进平天矼后面的一座庵里。庵里的和尚都坐在石头上，面朝南方。住持和尚名叫智空，看见客人面露饥饿的神色，就先用稀饭款待我。并且说：“刚出来的太阳太明亮，恐怕不是长久的晴天。”于是指着一位和尚对我说：“徐公如果有余力，可以先登览光明顶然后再吃中饭，那今天还可以抵达石笋矼，晚上在这位禅师处歇宿。”我照他所说登上光明顶，只见天都、莲花两峰在前方并肩而立，翠微、三海门在后面环绕，向下鸟瞰，看见绝壁和险峻的山峰，罗列于大山坞中，那就是丞相原了。光明顶前的一块巨石，低伏一段后又陡然而起，势如从中断开一般，孤独地悬空于山坞中，石上有怪异的松树盘根错节地覆盖着。我侧身攀登到巨石上坐着，浔阳叔翁则坐在光明大顶上与我相对，我和他各自夸耀着眼前风景的极致与美好。

【原文】

下入庵，黄粱已熟。饭后，北向过一岭，踯躅菁莽中，入一庵，曰狮子林，即智空所指宿处。主僧霞光，已待我庵前矣。遂指庵北二峰曰：“公可先了此胜。”从之。俯窥其阴，则乱峰列岫，争奇并起。循之西，崖忽中断，架木连之，上有松一株，可攀引而度，所谓接引崖也。度崖，穿石罅而上，乱石危缀间，构木为室，其中亦可置足，然不如踞石下窥更雄胜耳。下崖，循而东，里许，为石笋矼。矼脊斜亘，两夹悬坞中，乱峰森罗，其西一面即接引崖所窥者。矼侧一峰突起，多奇石怪松。登之，俯瞰壑中，正与接引崖对瞰，峰回岫转，顿改前观。

下峰，则落照拥树，谓明晴可卜，踊跃归庵。霞光设茶，引登前楼。西望碧痕一缕，余疑山影。僧谓：“山影夜望甚近，此当是云气。”余默然，知为雨兆也。

【译文】

我走下光明顶进入庵内，这时黄粱米饭已做熟了。吃过饭后，我朝北行进，经过一座山岭，在草木茂盛的林莽中徘徊，走进一座庵中，庵名叫狮子林，就是智空和尚所说的借宿之所。狮子林的住持和尚霞光，已在庵前等待我了。他指着庵北面的两座山峰说："徐公可以先游玩这处风景。"我听从他的话。俯身窥视两山峰的北面，只见峰峦起伏，参差不齐，山岭并起，争相斗奇。顺着两峰往西走，山崖忽然从中断开，大家架设木桥将两边连通，崖上面有一棵松树，正好可以通过它攀引渡过木桥，这即是所谓的接引崖。过了接引崖，穿过石岩缝隙向上攀登。乱石间连缀的地方很险峻，虽然以木料当作石梁相架，也可以在其中行走，然而不如坐在岩石上往下窥探，所见景致更为壮丽。走下接引崖，顺小路往东行一里多路，就是石笋矼。石笋矼山脊倾斜连绵，两夹崖壁悬于山坞中，乱峰森然罗列，它西边的一面就是在接引崖上所窥视的地方。石笋矼侧面一山峰突起，上面有很多奇石怪松。登上峰顶，俯瞰山谷中，正好与接引崖对视，峰回山转，景色与先前所见截然不同。

走下山峰，只见夕阳的余晖笼罩着松树，我以为明日天晴可以预卜了，不由得跳跃欢呼着赶回狮子林庵。霞光住持准备好茶水，引着我登上前楼。向西眺望，但见天边有一缕碧绿色的痕迹，我怀疑这是山峰的阴影。霞光和尚说："山影夜晚看起来很近，这应当是云气。"我一下子沉默无语，知道这是要下雨的前兆。

【原文】

初七日：四山雾合。少顷，庵之东北已开，西南腻甚[①]，若以庵为界者，即狮子峰亦在时出时没间。晨餐后，由接引崖践雪下。坞半一峰突起，上有一松裂石而出，巨干高不及二尺，而斜拖曲结，蟠翠三丈余，其根穿石上下，几与峰等，所谓"扰龙松"是也。

攀玩移时，望狮子峰已出，遂杖而西。是峰在庵西南，为案山。二里，蹑其巅，则三面拔立坞中，其下森峰列岫，自石笋、接引两坞迤逦[②]至此，环结又成一胜。登眺间，沉雾渐爽，急由石笋矼北转而下，正昨日峰头所望森阴径也。群峰或上或下，或巨或纤，或直或欹，与身穿绕而过。俯窥辗顾，步步生奇，但壑深雪厚，一步一悚。

【注释】

①腻（nì）甚：指雾气非常凝滞厚重。腻，凝滞。

②迤逦（yǐ lǐ）：曲折延绵。逦，通“逦”。

【译文】

二月初七日：四周的山都被雾掩合成一体了。过了一会儿，庵东北面的雾已经散开，而西南方的雾还很浓重，如果以庵为分界处，就是边上狮子峰也在雾中时现时没。吃过早餐后，我从接引崖踏着积雪下山。山坞半腰上一座山峰陡然耸立，峰上有棵松树从裂开的石缝中长出，粗大的树干却高不到二尺，向斜面延伸，弯曲盘结，翠绿的枝叶曲折环绕有三丈多长，树根在岩石上下穿梭，其长度几乎与山峰之高相等。这就是所谓的“扰龙松”了。

攀登游玩了一段时间，我看看已走出了狮子峰，于是拄着手杖往西走。这座山峰在狮子林庵的西南方，叫案山。走二里路后，登上案山之巅，三面拔地而起峙立山坞中，山下面是森然的峰峦和众多的山岭，从石笋矼、接引崖两处山坞曲折连绵到这里，环绕盘结又形成一处胜景。登高远眺之间，浓雾渐散，天气舒朗起来，我急忙从石笋矼北面折转而下，所到处正是昨天在峰顶所看见的阴森道路。群峰高低起伏，有的巨大有的纤小，有的峭直有的倾斜，行进其中往往需要身体紧贴岩壁才能穿绕而过。俯仰窥视，辗转回顾，我每走一步都产生新奇的感觉；但是山谷深而积雪厚，每走一步不由得心生一种恐惧。

【原文】

行五里，左峰腋一窦①透明，曰“天窗”。又前，峰旁一石突起，作面壁状，则“僧坐石”也。下五里，径稍夷，循涧而行。

忽前涧乱石纵横，路为之塞。越石久之，一阙新崩，片片欲堕，始得路。仰视峰顶，黄痕一方，中间绿字宛然②可辨，是谓“天牌”，亦谓“仙人榜”。又前，鲤鱼石；又前，白龙池。共十五里，一茅出涧边，为松谷庵旧基。再五里，循溪东西行，又过五水，则松谷庵矣。再循溪下，溪边香气袭人，则一梅亭亭正发，山寒稽③雪，至是始芳。抵青龙潭，一泓深碧，更会两溪，比白龙潭势既雄壮，而大石磊落，奔流乱注，远近群峰环拱，亦佳境也。还餐松谷，往宿旧庵。余初至松谷，疑已平地，及是询之，须下岭二重，二十里方得平地，至太平县共三十五里云。

【注释】

①窦（dòu）：孔穴。

②宛然：清晰。

③稽（jī）：留止。

【译文】

走了五里路，我看见左边峰腋部有一孔穴透出光亮，这被称作“天窗”。继续前行，只见山峰旁一石突起，做面壁之状，这是“僧坐石”。再往下走五里路，道路稍稍平坦，顺着山涧水前行，忽然前面山涧中乱石纵横，道路被其阻塞。花了很久的时间才越过乱石，我看见石间新崩开的一个缺口，片片石壁似乎就要坠落，才重新找到路。仰视峰顶，那里有一方黄色的痕迹，中间绿色的字清晰可辨，这就叫“天牌”，也叫作“仙人榜”。又往前行，到鲤鱼石；再往前行，是白龙池。总计走了十五里路，才看见一座茅庐出现在涧水边，原来这就是松谷庵的旧址。我又走了五里路，顺着溪水边沿着东岸往西走，又渡过五条溪水，就到达松谷庵。再顺着溪水往下走，溪边阵阵香气袭人，原来是一棵亭亭玉立的梅树正在开花，山谷冷彻、积雪深厚，到这里才开始有花香。抵达青龙潭，这是一泓碧绿的深潭，又汇合了两条溪水，比之白龙潭，气势既雄壮，又有突兀的大石，奔流的溪水向潭中乱注，远处近处的群峰拱卫着，也是一处优美的景观。回到松谷庵吃晚饭，在松谷庵旧址的茅庐里住宿。我初到松谷庵时，猜测已经到了平地，等到这里询问路人，说是还必须走下二重山岭，二十里山路后方能找到平地，到太平县共有三十五里路云云。

【原文】

初八日：拟寻石笋奥境，竟为天夺，浓雾迷漫。抵狮子林，风愈大，雾亦愈厚。余急欲趋炼丹台，遂转西南。三里，为雾所迷，偶得一庵，入焉。雨大至，遂宿此。

初九日：逾午少霁。庵僧慈明，甚夸西南一带峰岫不减石笋矼，有“秃颅①朝天”“达摩面壁”诸名。余拉浔阳蹈乱流至壑中，北向即翠微诸峦，南向即丹台诸坞，大抵可与狮峰竞驾，未得比肩石笋也。雨踵至，急返庵。

【注释】

①秃颅：无发为秃，秃颅即和尚。

【译文】

二月初八日：我本准备去寻觅石笋矼的奥秘之境，不料浓雾弥漫，计划被上天剥夺了。抵达狮子林时，风愈大，雾也愈加浓厚。我急切想要去炼丹台，于是转向西南方向行进。走三里路，大伙被浓雾所迷，偶然得见一庵，就进入庵内。大雨下起来，于是就在此住宿。

二月初九日：过了中午，天气稍稍晴朗。庵里的和尚慈明，竭力夸赞庵西南一带的山峰岩洞，认为其景致不比石笋矼逊色，有“秃颅朝天”“达摩面壁”诸多名胜可供游览。我拉着浔阳叔翁踏过乱流来到山谷之中，向北走就是翠微峰等各峰峦，向南走就是炼丹台等各山坞，景致大体上可与狮子峰并驾齐驱，但不能与石笋矼比肩。雨接踵而至，我们急忙返回庵中。

【原文】

初十日：晨雨如注，午少停。策杖二里，过飞来峰，此平天矼之西北岭也。其阳坞中，峰壁森峭，正与丹台环绕。二里，抵台。一峰西垂，顶颇平伏。三面壁翠合沓①，前一小峰起坞中，其外则翠微峰、三海门蹄股拱峙。登眺久之。东南一里，绕出平天矼下。雨复大至，急下天门。两崖隘肩，崖额飞泉，俱从人顶泼下。出天门，危崖悬叠，路缘崖半，比后海一带森峰峭壁，又转一境。“海螺石”即在崖旁，宛转酷肖，来时忽不及察，今行雨中，颇稔其异，询之始知。已趋大悲庵，由其旁复趋一庵，宿悟空上人处。

【注释】

①合沓（tà）：重叠。

【译文】

二月初十日：早晨，大雨如注，到中午时稍微停了一会儿。我拄着手杖前行了二里路，经过飞来峰，这是平天矼西北面的山岭。飞来峰南面的山坞中，山峰的岩壁森然而陡峭，正好与炼丹台相互环绕。又行二里路后，就到了炼丹台。向西垂的一座山峰，峰顶很平坦，三面的岩壁被青翠的绿树覆盖，层层叠叠，前面一座小峰峦突起于山坞中，山坞外则是翠微峰，三海门像脚与腿一般拱卫峙立着。登上峰顶四处眺望了很久，向东南方走一里路，从平天矼下绕出来。雨又下大了，所以我急忙走下天门。山崖两旁狭隘得仅有肩宽，崖顶上的飞泉，都是从人头顶上泼下来。走出天门，高耸的山崖悬空重叠，道路沿着山崖半腰延伸，比之后海一带森严的山峰、陡峭的岩壁，又转变成另一种境地了。“海螺石”就在崖旁边，蜿蜒曲折，形态像极了海螺，来的时候忽略了，来不及仔细观察，现在在雨中行走，倒很熟悉它的奇异之处，这是询问别人后才知道的。我们后来去大悲庵，从大悲庵旁再去另一庵，最后就在悟空上人处宿歇。

【原文】

十一日：上百步云梯。梯磴插天，足趾及腮，而磴石倾侧峆岈[1]，兀兀[2]欲动，前下时以雪掩其险，至此骨意俱悚。上云梯，即登莲花峰道。又下转，由峰侧而入，即文殊院、莲花洞道也。以雨不止，乃下山，入汤院，复浴。由汤口出，二十里抵芳村，十五里抵东潭，溪涨不能渡而止。黄山之流，如松谷、焦村，俱北出太平；即南流如汤口，亦北转太平入江；惟汤口西有流，至芳村而巨，南趋岩镇，至府西北与绩溪会。

【注释】

①峆岈（hán yá）：山谷大而空。

②兀兀（wù wù）：挺立高耸。

【译文】

二月十一日：我登上百步云梯。百步云梯的石磴直插云天，爬石磴时脚趾几乎触到脸腮，而且石磴的石条倾斜、山谷大而空，山岩高耸突兀，似乎在动。先前下山时因积雪掩盖了它的险峻，到现在看清了不禁毛骨悚然。上完百步云梯，随即登上去莲花峰的路。又向下转，由莲花峰侧面向前行进，就是通向文殊院、莲花洞的路了。因为雨一直不停，于是大伙儿下了山，进温泉院里，再次沐浴。由汤口出来，我又行进二十里路抵达芳村，走了十五里抵达东潭，因溪水暴涨，不能渡过而停下来。黄山的溪流，如松谷溪、焦村溪，都是向北流出太平县；即便向南流的汤口溪，也向北转，流到太平县后再汇入长江；唯独汤口西边有条溪流，到芳村而成巨流，向南流去岩镇，到徽州府西北面与绩溪汇合。

游黄山日记

(后)

【原文】

戊午九月初三日：出白岳榔梅庵，至桃源桥。从小桥右下，陡甚，即旧向黄山路也。七十里，宿江村。

初四日：十五里，至汤口。五里，至汤寺，浴于汤池。扶杖望硃砂庵而登。十里，上黄泥冈。向时云里诸峰，渐渐透出，亦渐渐落吾杖底。转入石门[①]，越天都之胁而下，则天都、莲花二顶，俱秀出天半。路旁一岐东上，乃昔所未至者，遂前趋直上，几达天都侧。复北上，行石罅中。石峰片片夹起；路宛转石间，塞者凿之，陡者级之，断者架木通之，悬者植梯接之。下瞰峭壑阴森，枫松相间，五色纷披，灿若图绣。因念黄山当生平奇览，而有奇若此，前未一探，兹游快且愧矣！

【注释】

①石门：今名为云巢洞。

【译文】

戊午年（万历四十六年，1618）九月初三日：我从白岳山榔梅庵出来，到桃源桥。顺着小桥右侧下山，路很陡，这就是原来去黄山所走的路。行进七十里后，我在江村宿歇。

九月初四日：我走了十五里路，到达汤口。又走五里路，到达汤寺，于是就在汤池沐浴。我手拄拐杖，遥望着硃砂庵向上攀登。行十里路，登上黄泥冈。刚才隐藏在云里的座座山峰显露出来，渐渐地落在我的拐杖下。转进石门，穿越天都峰的侧面向下走，则看到天都、莲花两座峰顶，都秀丽地突出在半空中。路边有一条岔路往东向上，是我从前没到过的地方，于是笔直往上赶路，几乎上到天都峰侧面。又往北上，穿行于石缝当中。一片片石峰夹着路耸起，道路蜿蜒曲折在石缝中不断折转，阻塞的地方被凿开，陡峭的地方被修出阶梯，断裂的地方就架木头通联它，悬空处则放梯子连接。向下俯瞰陡峭的壑谷，十分阴森，枫树和松树相互夹杂，五彩缤纷，像图画、锦绣一样灿烂；因此想到游黄山应是有生以来的奇览，而没想到还有这样神奇的景色，之前没有探游到，这次重游真是既痛快又惭愧啊！

【原文】

时夫仆俱阻险行后，余亦停弗上；乃一路奇景，不觉引余独往。既登峰头，一庵翼然，为文殊院，亦余昔年欲登未登者。左天都，右莲花，背倚玉屏风，两峰秀色，俱可手擥[①]。四顾奇峰错列，众壑纵横，真黄山绝胜处！非再至，焉知其奇若此？遇游僧澄源至，兴甚涌。时已过午，奴辈适至。立庵前，指点两峰。庵僧谓："天都虽近而无路，莲花可登而路遥。只宜近盼天都，明日登莲顶。"余不从，决意游天都，挟澄源、奴子仍下峡路。至天都侧，从流石蛇行而上。攀草牵棘，石块丛起则历块，石崖侧削则援崖。每至手足无可着处，澄源必先登垂接。每念上既如此，下何以堪？终亦不顾。历险数次，遂达峰顶。惟一石顶壁起犹数十丈，澄源寻视其侧，得级，挟予以登。万峰无不下伏，独莲花与抗耳。时浓雾半作半止，每一阵至，则对面不见。眺莲花诸峰，多在雾中。独上天都，予至其前，则雾徙于后；予越其右，则雾出于左。其松犹有曲挺纵横者；柏虽大干如臂，无不平贴石上，如苔藓然。山高风巨，雾气去来无定。下盼诸峰，时出为碧峤[②]，时没为银海。再眺山下，则日光晶晶，别一区宇也。日渐暮，遂前其足，手向后据地，坐而下脱。至险绝处，澄源并肩手相接。度险，下至山坳，暝色已合。复从峡度栈以上，止文殊院。

【注释】

①擥（lǎn）：同“揽”，持，握。

②峤（qiáo）：山尖而高。

【译文】

这时仆人都因山路险阻行走在后面，我也停下来不往上走了；而一路的奇景，不知不觉地吸引我独自前往。既而登上峰头，一座庵像大鸟展翅，名为文殊院，也是我往年想攀登而没有登的地方。左边是天都峰，右边是莲花峰，背靠玉屏峰，莲花、天都二峰的秀丽景色，似乎都可以伸手揽住。环顾四周，奇峰参差不齐，壑谷众多而纵横交错，真是黄山上最绝妙的胜景。如果不是再次到黄山，怎么知道黄山竟有如此奇妙的景色呢？我在这里巧遇云游僧人澄源到这里，于是游兴更为高涨。已经过了中午，仆人们才到，站在文殊院前，指着天都、莲花二峰点评。庵中的僧人说：“天都峰虽然离得近，却没有路上去；莲花峰可以攀登，但路程却很远，只宜从近处观赏天都峰，明天攀登莲花峰顶。”我不接受他的建议，决心游览天都峰。拉着澄源、仆人仍然从原路下到峡谷，到达天都峰侧，顺着流石像蛇一样曲折绕行而上。拉着草木拽着荆棘攀援，石块密集耸起，我就从中穿越，石崖陡斜，我则攀爬崖壁行进。每当遇到手脚无处放时，澄源必定先爬上去再垂下手来接我。每次想到上去已经如此艰难，下来可怎么办？最终还是什么也不顾。经历了数次危险，终于登上了天都峰峰顶。峰顶上只有一块耸起数十丈高的岩石，澄源在岩石旁边寻找，发现石阶，便扶着我攀登。万座山峰无一不低伏在脚下，唯独莲花峰能与天都峰抗衡。此时浓雾忽起忽止，每当一阵浓雾飘来，对面就看不清了。眺望莲花诸峰，大多在云雾里。只有登上天都峰，我走到它前面，云雾则在身后；我越到右侧，云雾便从左侧升起。顶上还有横枝弯曲、主干挺拔的松树，柏树的主干虽然有手臂粗，却没有不平贴在石头上的，像苔藓一样。山高风大，雾气来去不定。往下看群峰，有时露出碧绿的尖顶，有时又淹没成为银色的云海。再远望山下，则是阳光明亮，另有一番境界。夜色渐渐降临，于是把脚朝前伸出去，手向后盘踞在地上，坐着往下滑行。到最险要的地方，澄源就肩、手并用地接住我。度过险要地段，下到山坳时，暮色已经四合。我又顺着峡谷越过栈道而上，到文殊院停下休息。

【原文】

初五日：平明，从天都峰坳中北下二里，石壁岈然。其下莲花洞正与前坑石笋对峙，一坞幽然。别澄源，下山至前歧路侧，向莲花峰而趋。一路沿危壁西行，凡再降升，将下百步云梯，有路可直跻莲花峰。既陟而磴绝，疑而复下。隔峰一僧高呼曰："此正莲花道也！"乃从石坡侧度石隙。径小而峻，峰顶皆巨石鼎峙，中空如室。从其中叠级直上，级穷洞转，屈曲奇诡，如下上楼阁中，忘其峻出天表也。一里，得茅庐，倚石罅中。方徘徊欲升，则前呼道之僧至矣。僧号凌虚，结茅于此者，遂与把臂陟顶。顶上一石，悬隔二丈，僧取梯以度。其巅廓然，四望空碧，即天都亦俯首矣。盖是峰居黄山之中，独出诸峰上，四面岩壁环耸，遇朝阳霁色，鲜映层发，令人狂叫欲舞。

【译文】

九月初五日：天一亮，我从天都峰山坳中往北向下走二里路，石壁陡峻。石壁下的莲花洞正和洞前的石笋对峙，一座小山坞十分幽静。挥别澄源，我往下走到昨天有岔道的路边，向莲花峰奔去。一路上沿陡壁往西走，一共两次上山两次下山，快要下到百步云梯时，看到有路可以直登莲花峰。向上攀登而石阶却穷尽了，我怀疑走错了而又再往下走。隔壁山峰上一位僧人高呼道："这正是上莲花峰的路！"于是我从石坡旁边穿越石缝。小路狭窄而陡峭，峰顶上都是巨石鼎立，巨石中空好像房室。顺着其中层叠的石阶直向上走，石阶尽头处山洞转向，弯曲而奇异，好像在楼阁中上下穿行，忘却了这里的高峻超出天外。我走了一里路，见一茅屋，依傍在石缝间。正犹疑着想再往上登，先前高呼的僧人到了。僧人法号凌虚，是在这盖茅屋的人，于是和凌虚手挽手共同攀登顶峰。顶上的一块巨石，悬空隔开二丈宽，僧人取来梯子才得以度过。莲花峰顶十分开阔，环顾四周天空澄碧，即便是天都峰也要俯首屈居了。大概莲花峰位于黄山正中，独自高出其他的山峰之上，四面岩壁环抱耸立，遇到朝阳升起、云雾散去，鲜艳的颜色相互映照、层层山峦焕发出清新的光彩，美丽的景致令人欢呼雀跃得想要跳舞。

【原文】

久之，返茅庵。凌虚出粥相饷，啜一盂，乃下。至歧路侧，过大悲顶，上天门。三里，至炼丹台。循台嘴而下，观玉屏风、三海门诸峰，悉从深坞中壁立起。其丹台一冈中垂，颇无奇峻，惟瞰翠微之背，坞中峰峦错耸，上下周映，非此不尽瞻眺之奇耳。还过平天矼，下后海，入智空庵，别焉。三里，下狮子林，趋石笋矼，至向年所登尖峰上。倚松而坐，瞰坞中峰石回攒，藻缋满眼[①]，始觉匡庐、石门，或具一体，或缺一面，不若此之闳博富丽也！久之，上接引崖，下眺坞中，阴阴觉有异。复至冈上尖峰侧，践流石，援棘草，随坑而下，愈下愈深，诸峰自相掩蔽，不能一目尽也。日暮，返狮子林。

【注释】

①藻缋（zǎo huì）满眼：形容眼前景色缤纷如画。藻，文采。缋，同“绘”，绘画。

【译文】

过了很久，我返回茅庵。凌虚端出粥来款待，我喝了一碗。于是往下走到岔路边，经过大悲顶，登上天门。走了三里路，到炼丹台，顺着台嘴往下，看到玉屏峰、三海门等各座山峰，全都从深谷中耸立起来。炼丹台山冈居中低垂，没什么奇特险峻，只是俯视青山的背面，山谷中峰峦交错耸立，上下四周相互映衬，不在这里就不能尽情地眺望这些奇景。返回的路上经过平天矼，下到后海，进入智空僧人的庵中，向智空告别。走了三里路，到狮子林，奔向石笋矼，到前年所登临过的尖峰上。我靠着松树坐下，俯瞰山谷中峰石回环攒聚，满眼都是彩画般的景色，才觉得庐山、石门有的只是具备某一种景色，有的欠缺某一方面，不如这里的景色宏大、广博、丰富和壮丽！过了很久，我登上接引崖，往下眺望山谷，感觉阴森森十分奇异。又来到冈上尖峰侧边，踩着流石，拉着荆棘杂草，顺坑而下，愈下愈深，群峰互相掩蔽，不能一览无余。日落时分，我返回狮子林。

【原文】

初六日：别霞光，从山坑向丞相原。下七里，至白沙岭，霞光复至。因余欲观牌楼石，恐白沙庵无指者，追来为导。遂同上岭，指岭右隔坡，有石丛立，下分上并，即牌楼石也。余欲逾坑溯涧，直造①其下。僧谓："棘迷路绝，必不能行。若从坑直下丞相原，不必复上此岭；若欲从仙灯而往，不若即由此岭东向。"余从之，循岭脊行。岭横亘天都、莲花之北，狭甚，旁不容足，南北皆崇峰夹映。岭尽北下，仰瞻右峰罗汉石，圆头秃顶，俨然二僧也。下至坑中，逾涧以上，共四里，登仙灯洞。洞南向，正对天都之阴。僧架阁连板于外，而内犹穹然，天趣未尽刊②也。复南下三里，过丞相原，山间一夹地耳。其庵颇整，四顾无奇，竟不入。复南向循山腰行，五里，渐下。涧中泉声沸然，从石间九级下泻，每级一下有潭渊碧，所谓九龙潭也。黄山无悬流飞瀑，惟此耳。又下五里，过苦竹滩，转循太平县路，向东北行。

【注释】

①造：去，到。

②刊：消除，修改。

【译文】

九月初六日：和僧人霞光挥别后，我顺着山坑去丞相原。往下走七里，到白沙岭。这时霞光僧人又出现了，因为我想去观览牌楼石，僧人霞光担心白沙庵没人指路，赶来为我做向导。于是一同登白沙岭，僧人霞光指着岭右边隔壁的山坡，坡上有石头密集地耸立，石下分离上边并联着，这就是牌楼石。我想越过坑谷，溯山涧而上，直达牌楼石下。僧人霞光说："荆棘遍布，道路断绝，必定不能走。如果顺着坑谷直下丞相原，不必再登白沙岭；如果想从仙灯洞前往，不如就顺着白沙岭往东走。"我接受他的意见，沿着岭脊前行。白沙岭横贯在天都峰、莲花峰的北面，十分狭窄，旁侧容不下双足，南北都有高大的山峰夹峙映衬。到山岭尽头处往北下，抬头看右边的罗汉石峰，圆头秃顶，俨然两个僧人的模样。下到坑谷中，越过山涧往上走，一共走了四里路，就登上仙灯洞。洞口朝南，正对天都峰的北面。僧人在洞外架起木板阁道和洞相连，而洞内仍然高远、幽静，天然的情趣没有被完全破坏。又往南下三里，经过丞相原，这是山中一块狭小的平地而已。这里的庵很工整，我环顾四周没有奇特之处，就没进去。又往南边顺着山腰行进五里，慢慢下山，山涧中泉水发出沸腾的声音，泉水从岩石中分九级往下飞落，每一级飞泉下面都有碧绿色的深潭，这就是所说的九龙潭。黄山中别处没有高悬飞落的瀑布，有的只是这一处罢了。我又往下走五里，经过苦竹滩，转而顺着去太平县的路，往东北行进。

游武彝山[1]日记

（福建建宁府崇安县）

【原文】

二月二十一日：出崇安南门，觅舟。西北一溪自分水关，东北一溪自温岭关，合注于县南，通郡、省而入海。顺流三十里，见溪边一峰横欹，一峰独耸。余咤而瞩目，则欹者幔亭峰，耸者大王峰也。峰南一溪，东向而入大溪者，即武彝溪也。冲祐宫傍峰临溪。余欲先抵九曲，然后顺流探历，遂舍宫不登，逆流而进。流甚驶[2]，舟子[3]跣行溪间以挽舟。第一曲，右为幔亭峰、大王峰，左为狮子峰、观音岩。而溪右之濒水者曰水光石，上题刻殆[4]遍。二曲之右为铁板嶂、翰墨岩，左为兜鍪峰、玉女峰。而板嶂之旁，崖壁峭立，间有三孔作“品”字状。三曲右为会仙岩，左为小藏峰、大藏峰。大藏壁立千仞，崖端穴数孔，乱插木板如机杼[5]。一小舟斜架穴口木末，号曰“架壑舟[6]”。四曲右为钓鱼台、希真岩，左为鸡栖岩、晏仙岩。鸡栖岩半有洞，外隘中宏，横插木板，宛然埘桀[7]。下一潭深碧，为卧龙潭。其右大隐屏、接笋峰，左更衣台、天柱峰者，五曲也。文公书院正在大隐屏下。抵六曲，右为仙掌岩、天游峰，左为晚对峰、响声岩。回望隐屏、天游之间，危梯飞阁悬其上，不胜神往。而舟亦以溜[8]急不得进，还泊曹家石。

【注释】

①武彝山：今作“武夷山”，在福建省武夷山市南郊。山中有“武彝溪”，又称九曲溪、清溪，以其盘折九曲而闻名。

②驶：马快跑，泛指迅速。

③舟子：船夫。

④殆：大概，几乎。

⑤机杼（zhù）：织布机。

⑥架壑舟：又称“架壑船”“船棺”等，是当地古时候的一种葬具，似船，整木凿成，多置于悬崖峭洞等人迹难以到达的地方。

⑦埘桀（shí jié）：都是鸡栖息的地方。埘，在墙壁上挖洞做成的鸡巢。桀，鸡栖的小木桩。

⑧溜（liù）：急流。

【译文】

二月二十一日：我走出崇安县南城门，寻找渡船。西北面一条溪水从分水关流来，东北面一条溪水从温岭关流来，汇合流注到县南，通过郡、省而流入大海。船顺流而下三十里，我看见溪边有一座山峰横贯倾斜，一座山峰独立高耸。我感到惊诧而对两座山很注意，那横斜的就是幔亭峰，高耸的就是大王峰了。山峰南面有一条溪流，向东而流入大溪的，就是武彝溪了。冲祐宫背面依傍山峰，前面临近溪水。我想先到达九曲，然后顺溪流探游历奇，于是舍弃冲祐宫不攀登，逆着溪流行进。流水十分湍急，船夫光着脚在溪流中行走得以挽着船前进。第一曲，右边是幔亭峰、大王峰，左边是狮子峰、观音岩。而溪流右边濒临溪水的叫水光石，上面遍布题诗和刻字。二曲的右边是铁板嶂、翰墨岩，左边是兜鍪峰、玉女峰。而铁板嶂的旁边，崖壁峭削耸立，其间有三个孔穴，形成“品”字形。三曲的右边是会仙岩，左边是小藏峰、大藏峰。大藏峰崖壁耸立有千丈高，崖顶端有孔穴数个，像织布机一样散乱地插着许多木板。一只小船斜架在孔穴口木板的末端，名叫“架壑舟”。四曲的右边是钓鱼台、希真岩，左边是鸡栖岩、晏仙岩。鸡栖岩的半腰处有石洞，外面狭窄而中间宽阔，横插着的木板，很像鸡窝中鸡栖息的木桩。岩下有一潭幽深而碧蓝的水，这是卧龙潭。

它的右边有大隐屏、接笋峰，左边有更衣台、天柱峰的，就是五曲了。文公书院正好在大隐屏峰下面。到达六曲时，我看见六曲的右边有仙掌岩、天游峰，左边是晚对峰、响声岩。回头遥望大隐屏、天游峰之间，只见陡峻的石梯、阁道高悬在山峰之上，我不由得非常神往。而我所乘坐的船只因为水流湍急汹涌而不能驶进去，所以只好返回曹家石停泊。

【原文】

登陆入云窝，排云穿石，俱从乱崖中宛转得路。窝后即接笋峰。峰骈附于大隐屏，其腰横两截痕，故曰“接笋”。循其侧石隘，跻磴数层，四山环翠，中留隙地如掌者，为茶洞。洞口由西入，口南为接笋峰，口北为仙掌岩。仙掌之东为天游，天游之南为大隐屏。诸峰上皆峭绝，而下复攒凑，外无磴道，独西通一罅，比天台之明岩更为奇矫也。从其中攀跻登隐屏，至绝壁处，悬大木为梯，贴壁直竖云间。梯凡三接，级共八十一。级尽，有铁索横系山腰，下凿坎受足。攀索转峰而西，夹壁中有冈介其间，若垂尾，凿磴以登，即隐屏顶也。有亭有竹，四面悬崖，凭空下眺，真仙凡敻①隔。仍悬梯下，至茶洞。仰视所登之处，崭然②在云汉。

【注释】

①敻（xiòng）：远。

②崭（zhǎn）然：形容山势高峻突兀。

【译文】

我登上陆地进入云窝，排开云层穿过石岩，都是从散乱的岩崖中间蜿蜒曲折地行走才得到路。云窝的后面就是接笋峰。接笋峰并列且依附于大隐屏，它的峰腰横向有着被分为两截的痕迹，所以叫“接笋峰”。我顺着接笋峰侧面的石岩隘口，向上攀登了好几级石级，四周被翠绿的山峦环抱着，中间留有像手掌一样的空地，就是茶洞。茶洞口从西面进入，洞口南面是接笋峰，洞口北面是仙掌岩。仙掌岩的东面是天游峰，天游峰的南面是大隐屏。各座山峰的上部都极其陡峭，而下部又收缩攒聚，外面没有石磴路，唯独西边有一道山缝相通，这比天台山的明岩更为奇特雄伟。我从山峰中间向上攀登，登上大隐屏，到极陡峭的山崖处，就悬架大木作为梯子，紧贴着岩壁笔直竖立在云雾之间。梯子总共用了三根大木相接，共有八十一级。梯级穷尽，有铁索横贯系在山腰处，下面凿有石坎承受双足。攀援着铁索向西面顺着山峰转，两边岩壁相夹处有山脊介于其间，好像垂落的尾巴，山岩上凿有石磴用来攀登，登上去就是大隐屏的峰顶了。峰顶有亭子和翠竹，四面都是高悬的山崖，凭空眺望，真是仙境和凡界远隔。我仍旧从悬架的木梯上下来，到达茶洞。抬头看刚刚攀登上去的地方，高峻得好像在天河之中。

【原文】

隘口北崖即仙掌岩。岩壁屹立雄展，中有斑痕如人掌，长盈丈者数十行。循崖北上，至岭，落照侵松，山光水曲，交加入览。南转，行夹谷中。谷尽，忽透出峰头，三面壁立，有亭踞其首，即天游峰矣。是峰处九曲之中，不临溪，而九曲之溪三面环之。东望为大王峰，而一曲至三曲之溪环之。南望为更衣台，南之近者，则大隐屏诸峰也，四曲至六曲之溪环之。西望为三教峰，西之近者，则天壶诸峰也，七曲至九曲之溪环之。惟北向无溪，而山从水帘诸山层叠而来，至此中悬。其前之俯而瞰者，即茶洞也。自茶洞仰眺，但见绝壁干霄，泉从侧间泻下，初不知其上有峰可憩。其不临溪而能尽九溪之胜，此峰固应第一也。立台上，望落日半规[①]，远近峰峦，青紫万状。台后为天游观。亟辞去，抵舟已入暝矣。

【注释】

①规：圆形。

【译文】

隘口北面的岩崖就是仙掌岩。岩壁巍然屹立、雄奇展阔，岩壁中间有像人的手掌的斑痕，长度超过一丈的有数十行。顺着山崖往北面向上攀登，到达岭上，落日的余晖笼罩、侵染着松林，山光秀丽，溪水弯曲，交相辉映，引人入胜。我向南转，在狭窄的山谷中行走。山谷穷尽，忽然透现出一座山峰的峰顶，三面都峭壁耸立，有亭子盘踞在峰顶上，那就是天游峰了。这天游峰位于九曲溪的中央，不濒临溪水，而九曲的溪流从三面环抱着它。向东眺望看到的是大王峰，而一曲到三曲的溪流环抱着它；向南眺望看到的是更衣台，南边最接近的，就是大隐屏等各座山峰，四曲到六曲的溪流环抱着它们；向西眺望看到的是三教峰，西边最接近的，则是天壶峰等各座山峰，七曲到九曲的溪流环抱着它们。只有北面向来没有溪流，而山峦从水帘峰等各座山岭层层叠叠延伸而来，到这里中间高悬。之前我所俯身鸟瞰的地方，就是茶洞了。从茶洞抬头眺望，只见陡峭的岩壁耸入云天，泉水从侧面岩石间倾泻而下，开始时我不知道它的上面还有山峰可以休憩。如果想不亲临九曲溪而又能够尽览九曲溪的胜景，这山峰当然应该是供给观览的第一峰了。我站在峰台上，遥望那正在西沉的半圆形的落日，远处近处的峰峦，有的青色有的紫色，形态万千。峰台后面是天游观。我急忙辞别离去，回到游船时，夜幕已经降临了。

【原文】

二十二日：登涯[1]，辞仙掌而西。余所循者，乃溪之右涯，其隔溪则左涯也。第七曲右为三仰峰、天壶峰，左为城高岩。三仰之下为小桃源，崩崖堆错，外成石门。由门伛偻而入，有地一区，四山环绕，中有平畦曲涧，围以苍松翠竹，鸡声人语，俱在翠微中。出门而西，即为北廊岩，岩顶即为天壶峰。其对岸之城高岩矗然独上，四旁峭削如城。岩顶有庵，亦悬梯可登，以隔溪不及也。第八曲右为鼓楼岩、鼓子岩，左为大廪石、海蚱石。余过鼓楼岩之西，折而北行坞中，攀援上峰顶，两石兀立如鼓，鼓子岩也。岩高亘亦如城，岩下深坳一带如廊，架屋横栏其内，曰鼓子庵。仰望岩上，乱穴中多木板横插。转岩之后，壁间一洞更深敞，曰吴公洞。洞下梯已毁，不能登。望三教峰曰趋，缘山越磴，深木蓊苁其上。抵峰，有亭缀其旁，可东眺鼓楼、鼓子诸胜。山头三峰，石骨挺然并矗。从石罅间蹑磴而升，傍崖得一亭。穿亭入石门，两崖夹峙，壁立参天，中通一线，上下尺余，人行其间，毛骨阴悚。盖三峰攒立，此其两峰之罅；其侧尚有两罅，无此整削。

【注释】

①涯（yá）：水边。

【译文】

二月二十二日：我登上水边，辞别仙掌岩向西行进。我所顺着走的，乃是溪流的右岸，隔溪则是溪流的左岸了。九曲溪第七曲的右边是三仰峰、天壶峰，左边是城高岩。三仰峰的下面是小桃源，崩裂的崖石堆叠错落，在外边形成一道石门。我从石门外弯着腰驼着背进入里面，那里有一片地，四周山峦环绕，中间有平坦的田畦和曲折的涧水，苍劲的松树、翠绿的竹林围绕着庭院，鸡鸣声、人语声，都在青山中回荡。我走出石门向西行，那就是北廊岩，北廊岩顶即是天壶峰。它对岸的城高岩高峻地独耸入天，四周峭壁像城墙一样峭削。城高岩顶上有座庵，也是悬架木梯可以攀登的，我因为它隔着溪水而没有亲临。第八曲的右边是鼓楼岩、鼓子岩，左边是大廪石、海蚱石。我经过鼓楼岩的西面，转而向北行进，走在山坞之中，攀援而登上峰顶，看到有两块岩石突兀地立在那儿，很像鼓，这就是鼓子岩了。鼓子岩的高度和横宽也和城高岩一样，岩下的深山坳就像一条长廊，那里盖有房屋横栏在山坳里，叫作鼓子庵。抬头看岩石上面，在散乱的洞穴中有许多木板横插着。我转到岩石后面，看到岩壁间有一洞穴更是幽深而宽敞，这叫作吴公洞。吴公洞下面的木梯已毁坏，不能攀登。我望着三教峰急奔而去，沿着山翻越石磴，山野上山林幽深树木生长茂盛。到达三教峰，我看到山峰的旁边建有亭子点缀景色，向东可以眺望鼓楼峰、鼓子岩各处胜景。山顶有三座山峰，石岩骨架高挺，并排耸立。从石岩的缝隙间踏石磴而登高，依傍着石崖有一座亭子。我穿过亭子进入石门，这里两崖壁对峙，中间窄狭，崖壁挺立、高耸入天，中间仅有一线通道，上下只有一尺多宽，人在通道中行走，感到阴森、毛骨悚然。大概三座山峰攒聚耸立，这是其中两座山峰间的缝隙；它的侧边还有两道缝隙，但没有这么整齐峭削。

【原文】

已下山，转至山后，一峰与猫儿石相对峙，盘亘亦如鼓子，为灵峰之白云洞。至峰头，从石罅中累级而上，两壁夹立，颇似黄山之天门。级穷，迤逦至岩下，因岩架屋，亦如鼓子。登楼南望，九曲上游，一洲中峙，溪自西来，分而环之，至曲复合为一。洲外两山渐开，九曲已尽。是岩在九曲尽处，重岩回叠，地甚幽爽。岩北尽处，更有一岩尤奇：上下皆绝壁，壁间横坳仅一线，须伏身蛇行，盘壁而度，乃可入。余即从壁坳行；已而坳渐低，壁渐危，则就而伛偻；愈低愈狭，则膝行蛇伏，至坳转处，上下仅悬七寸，阔止尺五。坳外壁深万仞。余匍匐以进，胸背相摩，盘旋久之，得度其险。岩果轩敞层叠，有斧凿置于中，欲开道而未就也。半晌，返前岩。更至后岩，方构新室，亦幽敞可爱。出向九曲溪，则狮子岩在焉。

【译文】

我随后下山，转行到山后，看见一座山峰与猫儿石相对峙立，盘桓连绵也像鼓子岩一样，这是灵峰的白云洞。到达峰顶，我从石岩缝隙中拾级向上攀登，两边崖壁峙立，中间狭窄，情况与黄山的天门十分相似。石级穷尽，我顺着曲折连绵的山路到达石岩下面。用岩石架设房屋，情况也像鼓子岩一样。我登上高楼向南眺望，只见九曲溪的上游，有片小洲屹立在溪水中央，溪水从西边流来，到这里分流而将小洲环抱，到九曲处重新汇合成一股溪水。小洲外有两座山逐渐开阔，到这里九曲已经穷尽了。这岩石就在九曲的尽头处，岩壁重叠回环，地方十分幽静凉爽。岩北面的尽头处，更有一岩尤为奇异：上下都是陡极的峭壁，石壁间横凹的地方只有一线宽，人必须低伏着身体像蛇一样爬行，盘绕着石壁前行度过，才可以进入。我就从壁凹处爬行，不久凹处的地势渐渐降低，石壁渐渐险峻，于是就势而弯腰驼背；岩壁凹处地势愈低矮愈狭窄，于是像蛇一样低伏着紧贴地面用膝盖爬行，到壁凹转弯的地方，上下悬隔仅有七寸，宽只有一尺五。壁凹外面，岩壁深达万丈。我匍匐前进，胸部背部都与岩石相摩擦，盘旋了很长时间，才得以度过危险。外面的石岩果然高大宽敞，层层叠叠，岩石上有斧凿的痕迹，应是想要开凿道路而没有完成。过了半晌，我返回前岩。之后我又再次回到后岩，刚刚建构好的新房屋，也很幽静、宽敞而令人喜爱。我出来走向九曲溪，就见狮子岩在那里。

【原文】

循溪而返，隔溪观八曲之人面石、七曲之城高岩，蔚然奇丽，种种神飞。复泊舟，由云窝入茶洞，穹窿[①]窈窕，再至矣，再不能去！已由云窝左转，入伏羲洞，洞颇阴森。左出大隐屏之阳，即紫阳书院，谒先生庙像。顺流鼓棹[②]，两崖苍翠纷飞，翻恨舟行之速。已过天柱峰、更衣台，泊舟四曲之南涯。自御茶园登岸，欲绕出金鸡岩之上，迷荆丛棘，不得路。乃从岩后大道东行，冀有旁路可登大藏、小藏诸峰，复不得。透出溪旁，已在玉女峰下。欲从此寻一线天，徬徨[3]无可问，而舟泊金鸡洞下，迥不相闻。乃沿溪觅路，迤逦大藏、小藏之麓。一带峭壁高骞[4]，砂碛崩壅，土人多植茶其上。从茗柯[5]中行，下瞰深溪，上仰危崖，所谓“仙学堂”“藏仙窟”，俱不暇辨。

【注释】

①穹窿（qióng lóng）：中间高而四周下垂的样子。

②棹（zhào）：划船。

③徬徨：彷徨，这里用其本义，徘徊，走来走去的意思。

④高骞（qiān）：高昂着头。

⑤茗（míng）柯：茶树丛。茗，茶的通称。柯，树枝。

【译文】

我顺着溪流返回，隔溪观赏八曲的人面石、七曲的城高岩，草木繁茂，奇妙秀丽的种种景色令人心驰神往。再次停泊游船，我从云窝进入茶洞，茶洞高大而幽深曲折，再次到这里，令人再也舍不得离去！随即我又从云窝向左转，进入伏羲洞，洞内很阴森。从左边出来，到达大隐屏峰的南面，就是紫阳书院，我在书院拜谒了朱熹先生的塑像。顺着溪流飞快地划船，溪两岸苍翠的山崖纷纷飞掠而过，我反过来倒怨恨船行走得太快。随后过天柱峰、更衣岩，在四曲南岸水边停泊好游船。我从御茶园登上岸，想绕道出去，攀登到金鸡岩顶，漫山荆棘丛生，使人迷惑，找不到路。于是从金鸡岩后面的大道往东行进，我希望有岔路可以攀登大藏、小藏各座山峰，但又没有找到路。穿过山岩来到溪边时，已经到了玉女峰之下了。我想从这里寻觅一线天，彷徨徘徊没有人可以问路，而游船又停泊在金鸡洞下面，相距很远而互不相闻。于是沿着溪岸寻觅道路，在大藏峰、小藏峰麓曲折前行。这一带峭壁高耸，沙石有的壅塞，有的崩塌，当地人在上面种植了许多茶树。我从茶树枝叶中前行，在岩壁上俯瞰幽深的溪水，向上仰视陡峭的高崖，所说的“仙学堂”“藏仙窟”等景致，都没有空闲来加以辨别游览。

【原文】

已至架壑舟，仰见虚舟宛然，较前溪中所见更悉。大藏之西，其路渐穷。向荆棘中扪壁而上，还瞰大藏西岩，亦架一舟，但两崖对峙，不能至其地也。忽一舟自二曲逆流而至，急下山招之。其人以舟来受，亦游客初至者，约余返更衣台，同览一线天、虎啸岩诸胜。过余泊舟处，并棹顺流而下，欲上幔亭，问大王峰。抵一曲之水光石，约舟待溪口，余复登涯，少入，至止止庵。望庵后有路可上，遂趋之，得一岩，僧诵经其中，乃禅岩也。登峰之路，尚在止止庵西。仍下庵前西转，登山二里许，抵峰下，从乱箐①中寻登仙石。石旁峰突起，作仰企状，鹤模石在峰壁罅间，霜翎朱顶，裂纹如绘。旁路穷，有梯悬绝壁间，蹑而上，摇摇欲堕。梯穷得一岩，则张仙遗蜕②也。岩在峰半，觅徐仙岩，皆石壁不可通；下梯寻别道，又不可得；蹑石则峭壁无阶，投莽则深密莫辨。佣夫在前，得断磴，大呼得路。余裂衣不顾，趋就之，复不能前。日已西薄，遂以手悬棘，乱坠而下，得道已在万年宫右。趋入宫，宫甚森敞。羽士迎言：“大王峰顶久不能到，惟张岩梯在。峰顶六梯及徐岩梯俱已朽坏。徐仙蜕已移入会真庙矣。”出宫右转，过会真庙。庙前大枫扶疏③，荫数亩，围数十抱。别羽士，归舟。

【注释】

①箐（qìng）：山中大竹林，泛指草木丛生的大山谷。

②遗蜕（tuì）：这里指尸体。蜕，虫类脱下来的皮。

③扶疏：繁茂。

【译文】

不久，我到达架有悬棺的地方，抬头看见半悬于空中的悬棺，非常逼真，与之前乘游船漂流在溪水中所看见的相较更为完全。大藏峰西边的路，渐渐穷尽了。我走向荆棘丛中，攀附着岩壁向上攀登，回头鸟瞰大藏峰西边的岩壁，看到那里也有一架悬棺，但是两崖壁相对峙立，不能到达那个地方。忽然看见一条小船从二曲逆流到达，我急忙下山招呼船过来。乘舟的人划船靠岸用船来接我，他也是刚来这里的游客，约我返回更衣台，一同游览一线天、虎啸岩等各处胜景。经过我停泊游船的地方，两只船一同顺溪流而下，我想攀登幔亭峰，探寻大王峰。我到达一曲的水光石，约好游船在溪口等待，我再次登上岸边，稍向前行，就到了止止庵。我遥望庵后有路可走，于是赶忙到路上，走到一石岩，有个僧人在里面念诵佛经，这就是禅岩了。登大王峰的路，还在止止庵的西面。我仍然下来到止止庵前，往西转，登上山走二里多路，到达大王峰下，从乱草丛生的山谷中寻觅登仙石。登仙石旁山峰突起，现出仰首企盼的形状，鹤模石在山峰岩壁的缝隙之间，霜一样洁白的翎羽，红色的头，裂开的自然纹路好像彩绘。旁边的路已经穷尽，有木梯悬架在极陡的崖壁间，踩着梯子向上登，梯子摇摇欲坠。我爬完梯子后登上一座山岩，这是张仙遗体的存放处。山岩在山峰的半腰上，我想寻觅徐仙岩，但这里四面都是石壁，不可通过。走下梯子探寻其他道路，又没有找到。要登上石岩则崖壁陡峭没有石阶，投身荆棘、草莽，则道路又深又密，不能辨别方向。雇来的挑夫走在前面，找到中断的石磴，大叫说找到路了。我不顾衣服被荆棘撕裂，急奔过去，靠近他，结果又不能前行。太阳已经西沉，于是我用手攀悬着荆棘，胡乱悬空坠落而下，找到道路时已在万年宫右边了。我快步进入万年宫内，万年宫十分森严、宽敞。道士迎着我说："大王峰顶很久前就不能到达了，只有上张仙岩的梯子还在。上峰顶的六级梯子及上徐仙岩的梯子都已腐朽损坏。徐仙的遗体已经移入会真庙里了。”我走出万年宫向右转，经过会真庙。庙前的大枫树长得很茂盛，浓荫有数亩地宽，树干有数十人围抱粗。我告别道士后，回到游船中。

【原文】

二十三日：登陆，觅换骨岩、水帘洞诸胜。命移舟十里，候于赤石街，余乃入会真观，谒武彝君[①]及徐仙遗蜕。出庙，循幔亭东麓北行二里，见幔亭峰后三峰骈立，异而问之，三姑峰也。换骨岩即在其旁，望之趋。登山里许，飞流汩然下泻。俯瞰其下，亦有危壁，泉从壁半突出，疏竹掩映，殊有佳致。然业已上登，不及返顾，遂从三姑又上半里，抵换骨岩，岩即幔亭峰后崖也。岩前有庵。从岩后悬梯两层，更登一岩。岩不甚深，而环绕山巅如叠嶂。土人新以木板循岩为室，曲直高下，随岩宛转。循岩隙攀跻而上，几至幔亭之顶，以路塞而止。返至三姑峰麓，绕出其后，复从旧路下，至前所瞰突泉处。从此越岭，即水帘洞路；从此而下，即突泉壁也。余前从上瞰，未尽其妙，至是复造其下。仰望突泉又在半壁之上，旁引水为碓[②]，有梯架之，凿壁为沟以引泉。余循梯攀壁，至突泉下。其坳仅二丈，上下俱危壁，泉从上壁堕坳中，复从坳中溢而下堕。坳之上下四旁，无处非水，而中有一石突起可坐。坐久之，下壁循竹间路，越岭三重，从山腰约行七里，乃下坞。穿石门而上，半里，即水帘洞。危崖千仞，上突下嵌，泉从岩顶堕下。岩既雄扩，泉亦高散，千条万缕，悬空倾泻，亦大观也！其岩高矗上突，故岩下构室数重，而飞泉犹落槛外。

【注释】

①武彝君：相传是汉代时居于武夷山的神人，武夷山正是因此而得名。

②碓（duì）：水碓，以水作为动力转动的机器，用于去掉稻谷的皮。

【译文】

二月二十三日：我登上陆地，寻觅换骨岩、水帘洞各处胜景。命令船夫将游船前移十里路，在赤石街等候，我于是进入会真观，拜谒武彝君塑像和徐仙的遗体。走出会真庙，我顺着幔亭峰东麓往北走了二里路，看见幔亭峰后有三座山峰并排屹立，因它奇异而向别人询问，原来这是三姑峰。换骨岩就在三姑峰旁边，我望着换骨岩向前急奔。登上山有一里多路，看见飞流汩汩地往下倾泻。俯瞰山下，也有极高峻的岩壁，泉水从岩壁的半腰处奔突流出，附近有稀疏的竹林相互掩映，令人产生少有的好兴致。然而已经登上三姑峰，来不及返回游览，于是我从三姑峰又往上攀登了半里路，到达换骨岩，换骨岩就是幔亭峰的后崖了。换骨岩前面有座庵。我从换骨岩后面架设的两层悬梯，又登上另一座山岩。山岩不很深邃，但环绕着山顶好像层层叠叠的屏障。当地人用木板沿岩壁构建成为房室，房室有的弯曲，有的笔直，有的高，有的矮，都是顺着曲折的岩壁修筑的。沿着岩壁缝隙向上攀登，我几乎要到幔亭峰的峰顶了，却因道路阻塞而止步。返回三姑峰麓，从峰后绕出来，再从旧路下山，到达先前俯瞰突泉的地方。从这里越过山岭，就是通向水帘洞的路；从这里下去，就是突泉水流出来的岩壁。我先前从上俯瞰，未能完全观赏到它的妙处，到现在再去到它下面。抬头看奔突的流泉，又在半壁之上，旁边有农夫引泉水作为石碓的动力，有梯子架在岩壁上，农夫凿开岩壁成为一条沟，用来引导泉水。我顺着梯子登上岩壁，来到奔突的泉水的下面。那山坳仅有二丈宽，上下都是极高峻的岩壁，泉水从上边的岩壁坠入山坳中，山坳的泉水注满后再从山坳向下坠落。山坳的上下和四周，没有地方不是水，而山坳中央有一块石头突起来可供人坐。我坐了很久，才爬下岩壁，顺着竹林间的小路，翻越三重山岭，顺山腰大约行进了七里路，才下来到山坞中。穿过石门往上走，半里路后，就到水帘洞。陡峻的山崖有千丈高，上部外突，下部凹嵌，泉水从岩石顶上飞坠而下。山岩既雄伟宽阔，泉水也是从高处散落下来，形成千条万缕的细小水柱，悬空向下倾泻，也是一大景观啊！那山岩高高矗立而上部外突，因此山岩下构建有好几重房屋，而飞落的泉水还落在房屋栏杆外面。

【原文】

先在途闻睹阁寨颇奇，道流指余仍旧路，越山可至。余出石门，爱坞溪之胜，误走赤石街道。途人指从此度小桥而南，亦可往。从之，登山入一隘，两山夹之，内有岩有室，题额乃“杜辖岩”，土人讹为睹阁耳。再入，又得一岩，有曲槛悬楼，望赤石街甚近。遂从旧道，三里，渡一溪，又一里，则赤石街[①]大溪也。下舟，挂帆二十里，返崇安。

【注释】

①赤石街：今仍作赤石，在崇安县南境，崇溪与武彝溪的汇合处。

【译文】

先前在路途上所说睹阁寨很奇险，道士指点我仍然从旧路走，越过山岭就可以到达。我走出石门，很喜爱山坞、溪流的优美胜景，因而误走了去赤石街的路。路人指点说，从这里走过小桥向南走，也可以去到。我听从他的话，登上山进入一山隘，旁边有两山相夹，山隘里有山岩又有房屋，题额是“杜辖岩”，当地人讹称为“睹阁”罢了。再进去，又遇到一山岩，有曲槛和高悬的楼房，望见赤石街很近。于是从旧路走三里路，渡过一溪，再走一里路，就是赤石街大溪了。下游船，挂帆行船二十里路，返回崇安。

游庐山日记

(江西九江府，山之阴为九江府，山之阳为南康府)

【原文】

戊午，余同兄雷门、白夫，以八月十八日至九江。易小舟，沿江南入龙开河，二十里，泊李裁缝堰。登陆，五里，过西林寺，至东林寺。寺当庐山之阴，南面庐山，北倚东林山。山不甚高，为庐之外廓。中有大溪，自东而西，驿路①界其间，为九江之②建昌孔道。寺前临溪，入门为虎溪桥，规模甚大，正殿夷毁③，右为三笑堂。

【注释】

①驿路：旧时传递公文的车马通行的大道，沿途设立驿站。

②之：去，至。

③夷毁：完全毁坏。

【译文】

戊午（万历四十六年，1618）八月十八日，我和族兄雷门、白夫到九江。换乘小船，沿长江向南航行，进入龙开河，行进二十里，在李裁缝堰停泊。我们登上陆地，走五里路，经过西林寺，到达东林寺。东林寺正对庐山的北面，南方面对庐山，北边倚靠着东林山。东林山不太高，是庐山的外围。山里有条大溪，从东向西流，有条驿路界于它们中间，是九江到建昌的要道。东林寺前门面临溪水，进门是虎溪桥，规模很大，正殿已完全毁坏，右边是三笑堂。

【原文】

十九日：出寺，循山麓西南行。五里，越广济桥，始舍官道，沿溪东向行。又二里，溪回山合，雾色霏霏如雨。一人立溪口，问之，由此东上为天池大道，南转登石门，为天池寺之侧径。余稔知石门之奇，路险莫能上，遂请其人为导，约二兄径至天池相待。遂南渡小溪二重，过报国寺，从碧条香蔼中攀陟五里，仰见浓雾中双石屼立[①]，即石门也。一路由石隙而入，复有二石峰对峙。路宛转峰罅，下瞰绝涧诸峰，在铁船峰旁，俱从涧底矗耸直上，离立咫尺，争雄竞秀，而层烟叠翠，澄映四外。其下喷雪奔雷，腾空震荡，耳目为之狂喜。门内对峰倚壁，都结层楼危阙。徽人邹昌明、毕贯之新建精庐[②]，僧容成焚修其间。从庵后小径，复出石门一重，俱从石崖上，上攀下蹑，磴穷则挽藤，藤绝置木梯以上。如是二里，至狮子岩。岩下有静室。越岭，路颇平。再上里许，得大道，即自郡城南来者。历级而登，殿已当前，以雾故犹不辨。逼之，而朱楹彩栋，则天池寺也，盖毁而新建者。由右庑[③]侧登聚仙亭，亭前一崖突出，下临无地，曰文殊台。出寺，由大道左登披霞亭。亭侧歧路东上山脊，行三里。由此再东二里，为大林寺；由此北折而西，曰白鹿升仙台；北折而东，曰佛手岩。升仙台三面壁立，四旁多乔松，高帝御制《周颠仙庙碑》在其顶，石亭覆之，制甚古。佛手岩穹然轩峙，深可五六丈，岩端石歧横出，故称“佛手”。循岩侧庵右行，崖石两层，突出深坞，上平下仄，访仙台遗址也。台后石上书“竹林寺”三字。竹林为匡庐[④]幻境，可望不可即；台前风雨中，时时闻钟梵声[⑤]，故以此当之。时方云雾迷漫，即坞中景亦如海上三山[⑥]，何论竹林？还出佛手岩，由大路东抵大林寺。寺四面峰环，前抱一溪。溪上树大三人围，非桧非杉，枝头着子累累，传为宝树，来自西域，向有二株，为风雨拔去其一矣。

【注释】

①屼（wù）立：山峰高耸。

②精庐：古时候，人们读书、讲学的地方。后亦用以称僧道居住或讲道说法的地方，成为寺院的别称。

③庑（wǔ）：堂下周围的廊屋。

④匡庐：庐山。

⑤钟梵声：佛寺敲钟敬佛诵经的声音。

⑥海上三山：传说中的蓬莱、方丈、瀛洲三座神山，文中指仙境。

【译文】

八月十九日：我走出东林寺，顺着山麓向西南方行进。走五里路，跨越广济桥，我才舍弃官道，沿溪岸向东走。又走了二里路，只见溪水环绕，山峦四合，雾色浓厚得像绵密的小雨。有一人站在溪口边，我向他问路，得知从这里向东往上是天池寺的大路，向南转登上石门，是天池寺侧面的小路。我熟知石门风景的奇异，路途险峻没法上去，于是就请那人做我的向导，相约二位兄长直接到天池寺等待。我于是向南渡过两条小溪，经过报国寺，从青绿色的石条阶上，在芬芳的云气中攀登了五里路，仰望浓雾中有一对石峰突兀地耸立着，那就是石门了。我一路上从石岩的缝隙中穿入，又有两座石峰相对峙立。路在石峰缝隙中弯弯曲曲，往下俯瞰极陡峻的山涧旁的各座山峰，在铁船峰旁，山峰都从山涧底下笔直高耸向上，分开耸立的山峰距离咫尺，争雄竞秀，而层层云烟、重叠的青山，澄澈地映照在四面山峦之外。山峰下涧水汹涌似在喷雪，声如巨雷，腾空起伏，震荡山谷，人的耳、目因为这景色而感到极度喜悦。石门内对立的双峰倚靠着绝壁，都构筑有层楼高屋。徽州人邹昌明、毕贯之新修建了寺院，僧人容成在其中焚香修行。我从庵后的小路，又走出一道石门，都是在石崖上下攀踏，石磴穷尽就手挽藤条攀援，没有藤条的地方就放置木梯登上去。这样走了二里路，到达狮子岩。狮子岩下有静室。翻越山岭，路很平坦。再往上走一里多路，找到了大道，就是从郡城南面来的那条。逐个台阶向上登，大殿已在眼前，因为浓雾所以仍然辨认不清。逼近它看，只见红的柱子、彩漆的栋梁，这就是天池寺了，大概是毁坏后新建起来的。从右边的廊房侧面登上聚仙亭，亭前面有一山崖向外突，俯身往下看，看不到尽头，那叫作文殊台。走出天池寺，从大路左面登上披霞亭。由披霞亭侧面的岔路向东爬上山脊，行走三里路，从这里向东再走二里路，就是大林寺；从这里折向北面往西，叫作白鹿升仙台；折向北面再往东，叫作佛手岩。白鹿升仙台三面岩壁直立，四旁有很多高大的松树，高皇帝朱元璋御制的《周颠仙庙碑》在山岩顶上，有石亭覆盖它，形制很古朴。佛手岩穹隆而高高地屹立着，深大约五六丈，岩石的一端向前横出，所以被称为“佛手岩”。顺着佛手岩侧面的庵向右走，山崖的岩石有两层，从深坞中突出来，上层平坦，下层逼仄，是访仙台的遗址。台后面的岩石上写着“竹林寺”三个字，竹林寺是庐山中的梦幻境地，可以看见却到不了；台前面，每当风雨之中，时时会听见钟鸣声，所以把它叫作访仙台。当时刚好云雾弥漫，即使是山坞中的景色，也像海上蓬莱、方丈、瀛洲三座神山，又何必再说竹林寺呢？我返回来走出佛手岩，从大路往东走，抵达大林寺。大林寺四面群山环绕，寺前有一条溪水环抱。溪岸上有棵大树，有三人围抱粗，不是桧也不是杉树，枝头结满了累累的果实，传说这是宝树，来自西域，原来有两棵，但被暴风雨拔掉了一棵。

【原文】

二十日：晨雾尽收。出天池，趋文殊台。四壁万仞，俯视铁船峰，正可飞舄[①]。山北诸山，伏如聚螘。匡湖洋洋山麓，长江带之，远及天际。因再为石门游，三里，度昨所过险处，至则容成方持贝叶出迎，喜甚，导余历览诸峰。上至神龙宫右，折而下，入神龙宫。奔涧鸣雷，松竹荫映，山峡中奥寂境也。循旧路抵天池下，从歧径东南行十里，升降于层峰幽涧；无径不竹，无阴不松，则金竹坪也。诸峰隐护，幽倍天池，旷则逊之。复南三里，登莲花峰侧，雾复大作。是峰为天池案山，在金竹坪则左翼也。峰顶丛石嶙峋，雾隙中时作窥人态，以雾不及登。

【注释】

①飞舄（xì）：指神仙来去。舄，履，即鞋。

【译文】

八月二十日：晨雾完全收敛起来。我走出天池寺，急奔文殊台。四面的岩壁高达万仞，俯视铁船峰，好像一只可供神仙来去的鞋子。山北面的各座山峰，低矮得就像聚在一起的蚂蚁。匡湖边连绵起伏的山麓，与长江仅有一衣带的距离，江水远流到天边。因此第二次游览石门时，走了三里路，越过昨天所经过的险要地方，到的时候和尚容成正拿着佛经出来迎接，他很高兴，引导我游览各座山峰。我上行到神龙宫右边，折转方向向下走，进入神龙宫。奔流的涧水声好像雷鸣，松竹荫蔽相互映照，这是山峡之中奥秘而寂静的境域。我沿着旧路到达天池寺下，从岔路向东南方行走十里路，在层叠的山峰、幽深的山涧之间上下穿行；没有一条路上没有竹林，没有哪个背阴之所没有松树，这就是金竹坪了。各山峰隐隐相护，幽深比天池寺多一倍，而空旷却不及天池寺。我又向南走三里路，登上莲花峰侧面，雾气又大起来。莲花峰是天池寺的界山，对金竹坪说则是左翼了，峰顶上树木丛生，怪石嶙峋，在雾气的空隙中不时地做出窥视人的姿态。因雾弥漫，我不能登上峰顶。

【原文】

越岭东向二里，至仰天坪，因谋尽汉阳之胜。汉阳为庐山最高顶，此坪则为僧庐之最高者。坪之阴，水俱北流从九江；其阳，水俱南下属南康。余疑坪去汉阳当不远，僧言中隔桃花峰，尚有十里遥。出寺，雾渐解。从山坞西南行，循桃花峰东转，过晒谷石，越岭南下，复上则汉阳峰也。先是遇一僧，谓峰顶无可托宿，宜投慧灯僧舍，因指以路。未至峰顶二里，落照盈山，遂如僧言，东向越岭，转而西南，即汉阳峰之阳也。一径循山，重嶂幽寂，非复人世。里许，蓊然竹丛中得一龛[1]，有僧短发覆额，破衲赤足者，即慧灯也，方挑水磨腐。竹内僧三四人，衣履揖客，皆慕灯远来者。复有赤脚短发僧从崖间下，问之，乃云南鸡足山僧。灯有徒，结茅于内，其僧历悬崖访之，方返耳。余即拉一僧为导，攀援半里，至其所。石壁峭削，悬梯以度，一茅如慧灯龛。僧本山下民家，亦以慕灯居此。至是而上仰汉阳，下俯绝壁，与世夐隔矣。暝色已合，归宿灯龛。灯煮腐相饷，前指路僧亦至。灯半月一腐，必自己出，必遍及其徒。徒亦自至，来僧其一也。

【注释】

①龛（kān）：供奉佛像或神位的石室或小阁等。

【译文】

我越过山岭向东走二里路，到达仰天坪，因而计划游览尽汉阳峰的所有风景名胜。汉阳峰是庐山的最高顶，这仰天坪则是僧人庐舍中最高的。仰天坪的北面，溪水都向北流，从属于九江府；仰天坪的南面，溪水都由南方向下流，归属于南康府。我怀疑仰天坪离汉阳峰应当不远，僧人说这中间隔着桃花峰，还有十里路。走出寺门，雾渐渐散开。我从山坞西南方向行进，顺着桃花峰向东转，走过晒谷石，翻过山岭南下，再往上就到汉阳峰了。先是遇到一位僧人，说是汉阳峰顶没有可以寄宿的地方，最好投宿慧灯和尚的僧舍，因此把路指点给我。还有二里路没到峰顶时，落日余晖充盈山间，于是我照僧人所说，向东越过山岭，转而向西南方向，这就是汉阳峰的南面了。一条小径顺山延伸，层峦叠嶂，幽深寂静，仿佛不再是俗世。走了一里多路，我在茂盛的竹丛中找到一间供有佛像的小屋，有个和尚短头发覆盖前额，僧衣破敝，打着赤脚，这就是慧灯和尚，他正在挑水磨豆腐。竹丛中还有三四个和尚，身着整洁的衣鞋对客人作揖，他们都是慕慧灯之名从远处来的。又有赤脚、短发的和尚从山崖间走下来，我向他询问，原来是云南鸡足山的和尚。慧灯有徒弟，构筑茅屋在山里，那位和尚走过悬崖去拜访他，刚刚返回。我就拉着这位和尚作为向导，攀援半里路，到慧灯徒弟的住所。石壁陡峭笔削，架着梯子才得度过，有一间像慧灯和尚住所那样的茅屋。这和尚本来是山下的百姓人家，也是因为仰慕慧灯之名居住到这里。到了这里，我向上仰望汉阳峰，往下俯瞰悬崖绝壁，真是与世隔离啊。夜色已经四合，我返归慧灯的小屋歇宿。慧灯和尚煮好豆腐相款待，先前指点道路的和尚也到了。慧灯和尚半个月磨一次豆腐，必定由自己亲自做出来，必定款待遍他所有的徒弟。他的徒弟也自己来吃，来的和尚即其中的一位。

【原文】

二十一日：别灯，从龛后小径直跻汉阳峰。攀茅拉棘，二里，至峰顶。南瞰鄱湖，水天浩荡。东瞻湖口，西盼建昌，诸山历历，无不俯首失恃[①]。惟北面之桃花峰，铮铮比肩，然昂霄逼汉[②]，此其最矣。下山二里，循旧路，向五老峰。汉阳、五老，俱匡庐南面之山，如两角相向，而犁头尖界于中，退于后，故两峰相望甚近。而路必仍至金竹坪，绕犁头尖后，出其左胁，北转始达五老峰，自汉阳计之，且三十里。余始至岭角，望峰顶坦夷，莫详五老面目。及至峰顶，风高水绝，寂无居者。因遍历五老峰，始知是山之阴，一冈连属；阳则山从绝顶平剖，列为五枝，凭空下坠者万仞，外无重冈叠嶂之蔽，际目[③]甚宽。然彼此相望，则五峰排列自掩，一览不能兼收；惟登一峰，则两旁无底。峰峰各奇不少让，真雄旷之极观也！

【注释】

①失恃：没有依傍。

②昂霄逼汉：昂然直逼霄汉，即直冲云天。

③际目：视野。

【译文】

八月二十一日：我告别慧灯和尚，从屋后的小路直接登上汉阳峰。攀援茅草、拉着荆棘，向上攀登二里路，到达汉阳峰顶。从南俯瞰鄱阳湖，天水一线、浩浩荡荡。向东远望湖口县，西面遥看建昌，各座山峰历历在目，没有哪一座不像失去了依傍一样低头服输。只有北面的桃花峰，高峻可与汉阳峰比肩，然而它昂首耸立逼近霄汉，这是它最美的地方了。我往山下走了二里路，沿着旧路，向五老峰行进。汉阳峰、五老峰，都是庐山南面的山峰，犹如两只角相对，而犁头尖则介于两者中间，退到后面，所以两座山峰相望很近。路都必须仍旧到金竹坪，绕过犁头尖后面，从它的左侧出来，向北转，才能到达五老峰，从汉阳开始计算路程，已有三十里。我刚到岭角，看到峰顶很平坦，不熟悉五老峰的面目。等到达峰顶，只见狂风怒吼，水流绝迹，空寂无人居住。因游历遍五老峰，才知道这山的北面，一冈相互连属；山的南面像从山绝顶被纵向剖开，分成五支，从空中垂直而下有万仞高，它的外围没有重重山冈层层峰峦的遮蔽，视野非常宽广；然而山与山相对，则五座山峰排列成一线互相遮掩，一眼不能看尽；我只能登上一座山峰，而峰两旁似乎无底。座座山峰各有奇特处，互不逊色，真是雄伟宽广极致美好的景观啊！

【原文】

仍下二里，至岭角。北行山坞中，里许，入方广寺，为五老新刹①。僧知觉甚稔三叠之胜，言道路极艰，促余速行。北行一里，路穷，渡涧。随涧东西行，鸣流下注乱石，两山夹之，丛竹修枝，郁葱上下，时时仰见飞石，突缀其间，转入转佳。既而涧旁路亦穷，从涧中乱石行，圆者滑足，尖者刺履。如是三里，得绿水潭。一泓深碧，怒流倾泻于上，流者喷雪，停者毓②黛。又里许，为大绿水潭。水势至此将堕，大倍之，怒亦益甚。潭前峭壁乱耸，回互逼立，下瞰无底，但闻轰雷倒峡之声，心怖目眩，泉不知从何坠去也。于是涧中路亦穷，乃西向登峰。峰前石台鹊起，四瞰层壁，阴森逼侧。泉为所蔽，不得见，必至对面峭壁间，方能全收其胜。乃循山冈，从北东转。二里，出对崖，下瞰，则一级、二级、三级之泉，始依次悉见。其坞中一壁，有洞如门者二，僧辄指为竹林寺门云。顷之，北风自湖口吹上，寒生粟起，急返旧路，至绿水潭。详观之，上有洞翕③然下坠。僧引入其中，曰："此亦竹林寺三门之一。"然洞本石罅夹起，内横通如"十"字，南北通明，西入似无底止。出，溯溪而行，抵方广，已昏黑。

【注释】

①刹（chà）：梵语"刹多罗"的省音译，指佛寺。

②毓：同"育"，孕育。

③翕（xī）：敛缩。

【译文】

我仍往山下走了二里路，到达岭角。向北边的山坞中行进，走了一里多路后，进入方广寺，是五老峰新建的佛寺。知觉和尚非常熟悉三叠泉瀑布的胜景，说是道路十分艰险，催促我快走。向北行走一里路，路就没了，我渡过涧水，随着溪涧向东西方向走，轰鸣的涧水往下注入乱石之中，两边有山夹峙，丛生的竹子和修长的树枝，上上下下葱葱郁郁，我时时仰望，看见石头高悬上空，点缀在山间，越进入，胜景越美好。接着，涧岸旁的路也没有了，我只好从涧中的乱石中行走，圆的石头滑脚，尖的石头刺破鞋子。就这样往前走了三里，找到绿水潭。一泓碧绿的深潭，汹涌澎湃的涧流倾泻在它上方，溅起的水花犹如喷雪，停留于潭中的水孕育着清澈的青绿色。又走过一里多路程，就到了大绿水潭。流水的态势，至此将要下坠，流量比之前大了一倍，汹涌澎湃也更加厉害。潭前的峭壁无规则地耸立，回环着相互逼近峙立。往下鸟瞰，看不到尽头，只听到轰雷般似乎要震倒峡谷的响声，心里恐惧，眼光昏花，不知道泉水从什么地方坠下去。到这里，涧中的路也没了，于是我向西面攀登山峰。峰前石台鹊起，俯瞰四周层层崖壁，显得阴森而狭窄。泉水被山崖遮蔽，无法看见，一定要到对面的峭壁之间，才能尽览它的胜景。于是我沿着山冈，从北向东转。走了二里路后，走到对面的峭壁上，往下俯视，则第一级、第二级、第三级的流泉情景，才依次全部看清楚。那山坞中一崖壁上，有像门大小的洞两个，知觉和尚就指着它说是竹林寺的大门。过了一会儿，北风从湖口吹上来，寒气骤生，使人战栗起来，我急忙返归旧路，到达绿水潭。仔细地观察绿水潭，上面有洞敛缩着往下坠。知觉和尚引导我进入其中，说："这也是竹林寺三门之一。"然而洞本来是石缝相夹而起，它的里面横通如"十"字，南北通透、明亮，往西进入好像没有底似的。出洞，我沿着溪岸行进，抵达方广寺时，天已昏黑。

【原文】

二十二日：出寺，南渡溪，抵犁头尖之阳。东转下山，十里，至楞伽院侧。遥望山左胁，一瀑从空飞坠，环映青紫，夭矫[①]滉漾，亦一雄观。五里，过栖贤寺，山势至此始就平。以急于三峡涧，未之[②]入。里许，至三峡涧。涧石夹立成峡，怒流冲激而来，为峡所束，回奔倒涌，轰振山谷。桥悬两岩石上，俯瞰深峡中，迸珠戛玉[③]。过桥，从歧路东向，越岭趋白鹿洞。路皆出五老峰之阳，山田高下，点错民居。横历坡陀④，仰望排嶂者三里，直入峰下，为白鹤观。又东北行三里，抵白鹿洞，亦五老峰前一山坞也。环山带溪，乔松错落。出洞，由大道行，为开先道。盖庐山形势，犁头尖居中而少逊，栖贤寺实中处焉；五老左突，下即白鹿洞；右峙者，则鹤鸣峰也，开先寺当其前。于是西向循山，横过白鹿、栖贤之大道，十五里，经万松寺，陟一岭而下，山寺巍然南向者，则开先寺也。从殿后登楼眺瀑，一缕垂垂，尚在五里外，半为山树所翳⑤，倾泻之势，不及楞伽道中所见。惟双剑崭崭众峰间，有芙蓉插天之态；香炉一峰，直山头圆阜耳。从楼侧西下壑，涧流铿然泻出峡石，即瀑布下流也。瀑布至此，反隐不复见，而峡水汇为龙潭，澄映心目。坐石久之，四山暝色，返宿于殿西之鹤峰堂。

【注释】

①夭矫（yāo jiǎo）：屈曲而有气势的样子。

②之：走。

③迸珠戛（jiá）玉：形如珠溅射，声如击玉响。戛，打击。

④坡陀：山路起伏，不平坦。

⑤翳（yì）：阴翳。

【译文】

八月二十二日：我走出方广寺，从南面渡过溪水，抵达犁头尖的南面。向东折转往山下走，行进十里路，到达楞伽院侧面。遥望山左胁，一瀑布从空中飞坠而下，环映出四周的青紫色彩，混漾中显出一种屈曲的气势，也是一壮观景色。走了五里路，经过栖贤寺，山势到这里才趋于平缓。我因为急于三峡涧的游览，未走进栖贤寺。走了一里多，到达三峡涧。涧由石壁夹立形成峡口，汹涌的水流冲激而来，被峡口约束，奔腾回旋，汹涌倒流，轰鸣声震荡山谷。一桥悬架在两边的岩石上，俯视深峡中，激荡的流水犹如珍珠溅射，声音犹如敲击玉响。过桥后，我从岔路向东走，翻过山岭直奔白鹿洞。道路出现在五老峰以南，山中田地高低不一，民居错落散布。横行经过的路起伏不平，仰望层峦叠嶂的地方还有三里。直接进入山峰之下，是白鹤观。又向东北方向行走三里，到达白鹿洞，这也是五老峰前的一个山坞。环山的溪水犹如带子一般，高大的松树交织错落。走出白鹿洞，从大道行进，这是通往开先寺的道路。大概庐山的形势，犁头尖处于中间而稍稍偏一些，栖贤寺实际上正处于中间地区，五老峰向左突出，其下即是白鹿洞；右边峙立的，则是鹤鸣峰了，开先寺正当其前。于是向西面沿着山，横穿通往白鹿洞、栖贤寺的大道，走十五里路；经过万松寺，我登上一岭而后下山，巍然挺立面向南边的那座山寺，就是开先寺了。从大殿后面登楼远眺瀑布，一缕垂直向下的水帘，还在五里路之外，一半被山树所遮蔽，倾泻而下的态势，不及楞伽道中所见的壮丽。只有双剑峰在众峰中间显得特别高峻，有木芙蓉直耸入天的态势；香炉峰那一座山峰，挺直而山头形成圆形的土山丘。从楼侧向西面走下山壑，涧溪流水铿然泻出峡石口，这就是瀑布的下流。瀑布到这里，反而隐蔽不能再看见了，而峡石口的流水汇聚为龙潭，澄澈倒映着人的心境和眼睛。在石头上坐了很久，当四面山峦遁入夜色，我才返回到殿西的鹤峰堂歇宿。

【原文】

二十三日：出寺后侧径登山。越涧盘岭，宛转山半。隔峰复见一瀑，并挂瀑布之东，即马尾泉也。五里，攀一尖峰，绝顶为文殊台。孤峰拔起，四望无倚，顶有文殊塔。对崖削立万仞，瀑布轰轰下坠，与台仅隔一涧，自巅至底，一目殆无不尽。不登此台，不悉此瀑之胜。下台，循山冈西北溯溪，即瀑布上流也。一径忽入，山回谷抱，则黄岩寺据双剑峰下。越涧再上，得黄石岩。岩石飞突，平覆如砥。岩侧茅阁方丈，幽雅出尘。阁外修竹数竿，拂群峰而上，与山花霜叶，映配峰际。鄱湖一点，正当窗牖[1]。纵步溪石间，观断崖夹壁之胜。仍饭开先，遂别去。

【注释】

①窗牖（yǒu）：窗户。牖，锯开的木片。

【译文】

八月二十三日：我从开先寺后的侧边小路登山。越过溪涧，盘桓于山岭，在半山腰蜿蜒前行。隔着山峰又看见另一个瀑布，并排悬挂在瀑布东面的，就是马尾泉了。走过五里路，攀登上一座尖山峰，其绝顶为文殊台。一座孤峰拔地而起，四面无所依傍，峰顶有文殊塔。对面的山崖陡峭耸立，高有万仞，瀑布轰鸣着往下坠落，与文殊台仅相隔一涧，从崖顶到崖底，一眼几乎看不尽。不登临这文殊台，就不知悉这瀑布的胜景。走下文殊台，沿着山冈的西北面追溯溪流，这也是瀑布的上流。一条小路忽然伸入，山峰回转，溪谷环抱，黄岩寺正高踞在双剑峰下。越过溪涧再向上攀登，遇到黄石岩。岩石有的奇异突兀，有的平覆如磨刀石。岩侧的茅草阁方丈，幽静雅致脱离俗尘。阁外面有修长的竹子数竿，在群峰之上轻轻摆动，与山花、秋天的霜叶，交相呼应在山峰之间。远眺鄱阳湖一片，正对着窗户。我在溪涧、岩石间阔步而行，观赏断崖、夹壁的胜景。我仍然在开先寺用饭，饭后告别离去。

游九鲤湖日记
（福建兴化府仙游县）

【原文】

浙、闽之游旧矣。余志在蜀之峨眉、粤之桂林[①]，及太华、恒岳诸山；若罗浮、衡岳，次也；至越[②]之五泄，闽之九漈[③]，又次也。然蜀、广、关中，母老道远，未能卒游[④]；衡湘可以假道，不必专游。计其近者，莫若由江郎三石抵九漈。遂以庚申午节后一日，期[⑤]芳若叔父启行，正枫亭荔枝新熟时也。

【注释】

①粤之桂林：桂林位于广西，因旧时广西与广东被称为“百粤”之地，故两广合称“两粤”。

②越：旧时越国所在地，今浙江省。

③九漈（jì）：仙游九鲤湖的九漈瀑布。

④卒游：完全实现游历的愿望。

⑤期：约定时间。

【译文】

我去浙江、福建游历已是旧事了。我的志愿在于游览四川峨眉山、广西桂林，以及太华山、恒山各座山峰；像罗浮山、衡山的游览，是下一步的计划；去浙江五泄、福建九漈，又是再下一步的计划。但四川、广西和陕西关中等地，因母亲年事已高、路途遥远，不能完全游览尽这些风景；衡山、湘江可以在路过的时候游览，不必专程旅游。计划去近处，不如从江郎山、三石，再到九漈。于是我在庚申年（泰昌元年，1620）端午节的第二天，和叔父芳若按期约好启程出游，这时正是枫亭一带荔枝刚刚成熟的季节。

【原文】

二十三日：始过江山之青湖。山渐合，东支多危峰峭嶂，西伏不起。悬望东支尽处，其南一峰特耸，摩云插天，势欲飞动。问之，即江郎山也。望而趋，二十里，过石门街。渐趋渐近，忽裂而为二，转而为三；已复半岐其首，根直剖下；迫之，则又上锐下敛，若断而复连者，移步换形，与云同幻矣！夫雁宕灵峰，黄山石笋，森立峭拔，已为瑰观；然俱在深谷中，诸峰互相掩映，反失其奇。即缙云鼎湖，穹然独起，势更伟峻；但步虚山即峙于旁，各不相降①，远望若与为一。不若此峰特出众山之上，自为变幻，而各尽其奇也。

【注释】

①各不相降：两山高度相当，可以比肩。

【译文】

五月二十三日：我才经过江山县的青湖。山势逐渐合拢，东边多陡直、峭削的山峰，西边的山低伏不起。悬空眺望东边山峦尽头处，南部有一座高峰特别突出，直入云天，态势像要飞动起来。我向人询问这山，这就是江郎山。我遥望着江郎山朝前赶，走了二十里，经过石门街。越走越近，山忽然开裂而成为两座，再变成三座；不一会儿，山头又一分为二，笔直向下剖；靠近山，又是山顶尖锐、山脚收敛，像要断开却又连在一起，每移一步，山形都在变换，和云彩一样变化多端！那雁荡山有灵峰，黄山有石笋，森然耸立高峻挺拔，已经是瑰丽的景观，但都位于深山峡谷，各座山峰互相掩映，反而失掉了各自的奇特处。至于缙云县的鼎湖峰，穹隆而独特地耸起，气势更加雄伟高峻；只是步虚山就峙立在旁边，不相上下，远望好像和鼎湖峰是一座山。不如这江郎山突出于众峰之上，姿态自行变幻，各自完全展现了自己的奇特处。

【原文】

六月初七日：抵兴化府。

初八日：出莆郡西门，西北行五里，登岭，四十里，至莒溪，降陟[①]不啻[②]数岭矣。莒溪即九漈下流。过莒溪公馆，二里，由石步过溪。又二里，一侧径西向山坳，北复有一磴，可转上山。时山深日酷，路绝人行，迷不知所往。余意鲤湖之水，历九漈而下，上跻必有奇境，遂趋石磴道。芳叔与奴辈惮高陟，皆以为误，顷之，径渐塞，彼益以为误，而余行益励。既而愈上愈高，杳无所极，烈日铄铄[③]，余亦自苦倦矣。数里，跻岭头，以为绝顶也；转而西，山之上高峰复有倍此者。循山屈曲行，三里，平畴荡荡，正似武陵误入，不复知在万峰顶上也。中道有亭，西来为仙游道，东即余所行。南过通仙桥，越小岭而下，为公馆，为钟鼓楼之蓬莱石，则雷轰漈在焉。涧出蓬莱石旁，其底石平如砺，水漫流石面，匀如铺縠[④]。少下，而平者多洼，其间圆穴，为灶，为臼，为樽，为井，皆以丹名，九仙之遗也。平流至此，忽下堕湖中，如万马初发，诚有雷霆之势，则第一漈之奇也。九仙祠即峙其西，前临鲤湖。湖不甚浩荡，而澄碧一泓，于万山之上，围青漾翠，造物之酝灵亦异矣！祠右有石鼓、元珠、古梅洞诸胜。梅洞在祠侧，驾大石而成者，有罅成门。透而上，旧有九仙阁，祠前旧有水晶宫，今俱圮。当祠而隔湖下坠，则二漈至九漈之水也。余循湖右行，已至第三漈，急与芳叔返。曰："今夕当淡神休力，静晤九仙。劳心目以奇胜，且俟[⑤]明日也。"返祠，往蓬莱石，跣足步涧中。石濑[⑥]平旷，清流轻浅，十洲三岛，竟褰[⑦]衣而涉也。晚坐祠前，新月正悬峰顶，俯挹平湖，神情俱朗，静中沨沨[⑧]，时触雷漈声。是夜祈梦祠中。

【注释】

①陟：上岭。

②不啻（chì）：不止。

③铄铄（shuò shuò）：烁烁，指太阳炽热。铄，通“烁”，熔化。

④縠（hú）：有皱纹的纱。

⑤俟（sì）：等待。

⑥石濑（lài）：浅水的石滩。

⑦褰（qiān）：将衣服下摆撩起。

⑧沨沨（fēng fēng）：动听得像音乐的水声。

【译文】

六月初七日：我到达兴化府。

六月初八日：我从兴化府城西门出发，往西北方向走了五里，攀登山岭，走了四十里，到莒溪，爬上爬下数座山岭。莒溪是九漈的下游。经过莒溪公馆，走二里，我从石步渡过溪水。又走了二里，一条小路往西伸向山坳，北边又有一条石阶道，可以绕上山。这时山岭深邃、烈日炽热，路上没有一个行人，我迷路了，不知道往哪走。我想九鲤湖的水历经九漈而下，往上攀登一定有奇境，于是我奔向石阶攀登山道。芳叔和仆人害怕登高，都认为走错了。不久，小路渐渐阻塞，他们更以为走错了，而我的行程却更加振奋。很快就愈上愈高，路深远得没有尽头，赤日炎炎，我自己也辛苦疲倦了。走了数里，登上岭头，我以为到最高顶峰了；折转方向往西走，还有比这山岭高一倍的山峰。沿着山岭曲折地前行，走了三里，平坦的田地空旷开阔，正好像武陵人误入桃花源的故事一样，我不再知道是在万座峰顶之上。途中有座亭子，从西边伸来的是去仙游县的路，东边就是我所走的路。向南走经过通仙桥，翻越小岭向下走，就是公馆，是钟鼓楼的蓬莱石，而雷轰漈也在这里。涧水从蓬莱石旁边流出，底下的石头像细的磨刀石一样平，水漫过石面，缓缓流过，匀称得如同铺了一层绉纱。稍微往下走，平滑的涧底多洼坑，洼坑之中的圆洞，分别称为灶、臼、樽、井，都用“丹”字来命名，是九鲤仙的遗迹。涧水平缓地流到这里，突然往下坠落到湖中，犹如万马初发，确实有雷霆万钧之势，这就是九漈中第一级瀑布奇观。九仙祠就峙立在瀑布西边，前临九鲤湖。湖水不太大，但是澄澈碧绿一泓，在诸多山峰的上面，绿树围绕、清波荡漾，大自然造物孕育的神灵真是太奇异了！九仙祠右边有石鼓、元珠、古梅洞诸多胜境。古梅洞在九仙祠旁边，由大石架空而成，石上有缝隙形成门。穿过石缝往上走，原来有九仙阁，九仙祠前原来有水晶宫，现在都毁坏了。正对九仙祠而隔着九鲤湖往下飞坠的流水，就是第二级到第九级的瀑布。我顺着九鲤湖的右边走，已经到了第三级瀑布，我急忙和芳叔一起返回。我说：“今晚应当清静心神、休息体力，静候九仙托梦。用劳心费神来游览奇观胜景，暂且等明天吧。”返回九仙祠，去蓬莱石，我光着脚在涧中行走。涧底平旷，水清而浅，轻轻流淌，遍布水中的沙洲小岛如仙境一样，我撩起衣服就能涉水了。晚上坐在九仙祠前，初升的月亮正悬挂在峰顶上，我低头俯视平静的湖水，精神和心情都十分明朗，寂静中水声如乐曲一般，不时地还听到雷漈瀑布的声响。这一夜我在祠中祈祷九仙托梦。

【原文】

初九日：辞九仙，下穷九漈。九漈去鲤湖且[1]数里，三漈而下，久已道绝。数月前，莆田祭酒尧俞，令陆善开复鸟道，直通九漈，出莒溪。悔昨不由侧径溯漈而上，乃纡从大道，坐失此奇。遂束装改途，竟出九漈。瀑布为第二漈，在湖之南，正与九仙祠相对。湖穷而水由此飞堕深峡，峡石如劈，两崖壁立万仞。水初出湖，为石所扼，势不得出，怒从空坠，飞喷冲激，水石各极雄观。再下为第三漈之珠帘泉，景与瀑布同。右崖有亭，曰观澜。一石曰天然坐，亦有亭覆之。从此上下岭涧，盘折峡中。峡壁上覆下宽，珠帘之水，从正面坠下；玉箸之水，从旁霭沸溢。两泉并悬，峡壁下削，铁障[②]四围，上与天并，玉龙双舞，下极潭际。潭水深泓澄碧，虽小于鲤湖，而峻壁环锁，瀑流交映，集奇撮[③]胜，惟此为最！所谓第四漈也。

【注释】

①且：将近，大约。

②铁障：山峰。

③撮：聚集。

【译文】

八月初九日：我辞别九仙祠，往下探游九漈的尽头。九漈距离九鲤湖大约数里，从第三级瀑布往下走，路已经断了很久。几个月前，国子监祭酒、莆田县人尧俞，命令陆善修复，开通修复这险峻的山路，山路直接通过九漈，从莒溪出去。我后悔昨天没从侧边的小路溯瀑布而上，而是绕道从大路走，白白错失观览这一奇景的机会。于是我整理行装改道前行，直接从九漈出去。第二漈就叫瀑布，在九鲤湖的南边，正好与九仙祠相对。湖水穷尽了水就从这里飞坠注入深峡，山峡石壁如同被刀劈开，两边的山崖石壁耸立，高达万丈。水刚从湖里流出，被岩石阻扼，水势不能畅通，汹涌的水流从空中坠落，浪花飞溅、水珠喷洒，水和石都显得极其雄伟壮观。再下去是第三漈珠帘泉，景致和瀑布相同。右边的山崖上有亭子，叫观澜亭。一块名叫天然坐的石头，也有亭子覆盖它。从这里上岭下涧，在峡谷中曲折行走。峡壁上面倾覆、下面宽阔，珠帘瀑布的水，从正面飞坠而下；玉箸泉瀑布的水，好像从旁边的云雾中滚沸溢出。两股瀑布并列悬挂，峡谷两壁笔直陡峭，铁样的山障围绕在四周，山的高处与天齐肩，两道瀑布像玉龙飞舞，往下倾入潭边。潭水极深，碧绿清澄，虽然比九鲤湖小，但四周峭壁环绕，瀑布流水交相辉映，美景荟萃，以这里风景为最好！这里就是所说的第四漈了。

【原文】

初至涧底，芳叔急于出峡，坐待峡口，不复入。余独缘涧石而进，踞潭边石上，仰视双瀑从空夭矫，崖石上覆如瓮口。旭日正在崖端，与颓波突浪，掩晕流辉。俯仰应接，不能舍去。循涧复下，忽两峡削起，一水斜回，涧右之路已穷。左望有木板飞架危矶[①]断磴间，乱流而渡，可以攀跻。遂涉涧从左，则五漈之石门矣。两崖至是，壁凑仅容一线，欲合不合，欲开不开，下涌奔泉，上碍云影。人缘陟其间，如猕猿然，阴风吹之，凛凛[②]欲堕。盖自四漈来，山深路绝，幽峭已极，惟闻泉声鸟语耳。

【注释】

①矶（jī）：水边突出的岩石。

②凛凛：心惊胆寒的样子。

【译文】

刚到涧底，芳叔忙着走出峡谷，在峡谷口坐着等我，不再进入。我独自沿着涧底的石道前进，坐到潭边的石头上，抬头注视两道瀑布从空中姿态伸展气势雄浑地飞落，崖石上部倾覆得如同瓮口。初升的太阳正好位于石崖顶端，和坠落的水波、翻腾的浪珠，互相掩映，流光溢彩。我俯视、仰视应接不暇，舍不得离去。顺着山涧再往下走，峡谷两边突然陡峭起来，一股溪水弯斜回旋，山涧右边的路已经没有了。向左边看去，有木板高架在陡岩上的残阶之间，横渡交错的溪流，就可以攀登。于是我跋涉过溪涧从左边走，这是第五漈的石门。两边的山崖到这里，崖壁紧靠只能容下一线天，要合不合，要开不开，下面山泉汹涌奔腾，上面被云影遮盖。人在中间沿着崖壁攀援，如同猕猴一般，寒风吹来，令人胆寒得快要掉下去。大概从第四漈以来，山谷深邃，道路断绝，幽深陡峭到了极点，我只听到泉水声和鸟叫声。

【原文】

出五漈，山势渐开。涧右危嶂屏列，左则飞凤峰回翔对之，乱流绕其下，或为澄潭，或为倒峡[①]。若六漈之五星，七漈之飞凤，八漈之棋盘石，九漈之将军岩，皆次第得名矣。然一带云蒸霞蔚[②]，得趣故在山水中，岂必刻迹而求[③]乎？盖水乘峡展，既得自恣，其旁崩崖颓石，斜插为岩，横架为室，层叠成楼，屈曲成洞；悬则瀑，环则流，潴[④]则泉；皆可坐可卧，可倚可濯，荫竹木而弄[⑤]云烟。数里之间，目不能移，足不能前者竟日。每下一处，见有别穴，必穿岩通隙而入，曲达旁疏[⑥]，不可一境穷也！若水之或悬或渟[⑦]，或翼飞叠注，即匡庐三叠、雁宕龙湫，各以一长擅胜，未若此山微体皆具也。

出九漈，沿涧依山转，东向五里，始有耕云樵石之家，然见人至，未有不惊讶者。又五里，至莒溪之石步，出向道。

【注释】

①倒（dào）峡：水流倾峡而出。

②云蒸霞蔚：指像云霞升腾聚集起来，形容景物灿烂绚丽。蒸，上升。蔚，聚集。

③刻迹而求：刻意追求景物的形迹。指不必太刻意地考察山水景物名字的由来。

④潴（zhū）：停留，聚集。

⑤弄：玩赏。

⑥疏：通。

⑦渟（tíng）：水流汇聚，指成为深潭。

【译文】

走出第五漈，山势渐渐开阔。山涧右边的陡崖如同屏障排列，左边的飞凤峰盘旋飞翔与它们相对，水流纵横交错地环绕在它下面，有的成为清澈的水潭，有的水流倾峡而出。至于第六漈的五星，第七漈的飞凤，第八漈的棋盘石，第九漈的将军岩，都是按顺序得名。既然这一带云雾蒸腾，飞霞蔚然，所得的乐趣本应在山水之中，哪有必要刻意追求一景一物的形迹呢？大概水流借着峡谷的形势伸展，才得以无拘无束，水流两旁崩塌的山崖巨石，斜插的就是岩岸，横架的为石室，层叠成为石楼，蜿蜒曲折的成为石洞；飞悬空中的则为瀑布，绕石环流的则为小溪，积聚起来的则为清泉；山石都可以坐或躺，泉流都能靠近洗涤，竹木成荫而云朵雾霭相互拨弄，数里之间的美景，让人一整天眼光不能转移，脚步不能向前。每下到一处新的景点，看见有另外的洞穴，我一定穿过岩缝进去，洞穴曲折旁通，不能一下子游览完。或如水的高悬而下、停留汇聚，或如鸟展翅，层叠飞注；即使是庐山三叠泉瀑布，雁荡山龙湫瀑布，只能各凭一个特点取胜，不像这座山，局部和整体的风光都很完美。

我从九漈出来，沿着山涧顺着山转，往东走五里，才有人家在白云飘荡的山上耕种、打柴，然而他们看到有人来到，没有不惊讶的。又走五里路，我到达莒溪的石步，从来的路出去。

【原文】

初十日：过蒜岭驿，至榆溪。闻横路驿西十里，有石竹山，岩石最胜，亦为九仙祈梦所。闽有“春游石竹，秋游鲤湖”语，虽未合其时，然不可失之交臂也。乘兴遂行。以横路去此尚十五里，乃宿榆溪。

【译文】

八月初十日：我经过蒜岭驿，到达榆溪。听说横路驿西边十里处，有石竹山，山上的岩石最为有名，也是九仙祈祷、做梦的地方。福建地区流传有“春天游石竹山，秋天游九鲤湖”的话，虽然现在和游石竹山的最佳时间不合，但是不可以错过游览的机会。

于是我乘兴出发。因为横路驿离榆溪还有十五里，所以我在榆溪住宿。

【原文】

十一日：至波黎铺，即从小路为石竹游。西向山五里，越一小岭。又五里，渡溪，即石竹南麓。循麓西转，仰见峰顶丛崖，如攒如劈。西北行久之，有楼傍山西向，乃登山道也。石磴颇峻，遂短衣历级而上。磴路曲折，木石阴翳，虬枝老藤，盘结危石，欹崖之上，啼猿上下，应答不绝。忽有亭突踞危石，拔迥①凌虚，无与为对。亭当山之半。再折，石级巍然直上，级穷，则飞岩檐覆垂半空。再上两折，入石洞侧门，出即九仙阁，轩敞雅洁。左为僧庐，俱倚山凌空，可徙倚凭眺。阁后五六峭峰离立，高皆数十丈，每峰各去二三尺。峰罅石壁如削成，路屈曲罅中，可透漏各峰之顶。松偃藤延，纵目成胜。僧供茗芳逸，山所产也。侧径下，至垂岩，路左更有一径。余曰："此必有异。"从之，果一石洞嵌空立。穿洞而下，即至半山亭。下山，出横路而返。

是游也，为日六十有三，历省二，经县十九，府十一，游名山者三。

【注释】

①拔迥（jiǒng）：挺拔高远。

【译文】

八月十一日：我到波黎铺后，就从小路去游石竹山。往西朝着山走五里，越过一座小岭。又走五里，横渡溪水，就到了石竹山南麓。沿着山麓往西转，抬头看见峰顶丛生的石崖，如攒聚、如刀劈。往西北走了很久，有座楼背靠山、面朝西，这就是登山道。石阶很陡，于是身着短衣沿石阶而上。石阶路弯弯曲曲，木石荫蔽，弯曲如龙的树干和老藤盘绕着陡峭的石头，歪斜的崖石上，啼叫着的猿猴上下跳跃。忽见有一座亭子独耸在陡峭的岩石上，挺拔、凌空而建，没有什么和它相对。亭子位于山腰。再转一弯，石阶陡然直上，石阶穷尽了，则飞起的岩石像屋檐一样覆盖、垂落在半空中。又往上转两道弯，进入石洞侧门，一出洞就是九仙阁，阁高大宽敞、雅致整洁。左边为僧人的住房，都是靠山凌空而建，可以依靠着远望。阁后有五六座峻峭的山峰分离耸立，都高达数十丈，每座峰之间相距二三尺，山峰的缝隙如同用刀劈出来的一样，道路曲折地从缝隙间穿过，可以穿行到各座山峰顶上。松树卧伏，老藤蔓延，放眼望去都是胜景。僧人送来香味四溢的茶，是山中出产的。我从旁边的小路下山，到陡岩，路左边另有一条小路。我说："从这里去肯定有奇异的景致。"于是顺小路走，果然有一个石洞镶嵌在上空，向上耸立。穿过石洞往下走，就到了半山亭。我下山，到横路驿后返回家乡。

这次出游，一共六十三天，我跨越两个省，经过十九个县、十一个府，游览了三座名山。

游嵩山日记

（河南河南府登封县）

【原文】

余髫年[①]蓄五岳志，而玄岳出五岳上，慕尤切。久拟历襄、郧，扪太华[②]，由剑阁连云栈，为峨眉先导；而母老志移，不得不先事太和，犹属有方之游。第沿江溯流，旷日持久，不若陆行舟返，为时较速。乃陆行汝、邓间，路与陕、汴略相当，可以兼尽嵩、华，朝宗[③]太岳。遂以癸亥仲春朔，决策从嵩岳道始。凡十九日，抵河南郑州之黄宗店。由店右登石坡，看圣僧池。清泉一涵[④]，渟碧山半。山下深涧交叠，涸无滴水。下坡行涧底，随香炉山曲折南行。山形三尖攒立如覆鼎，众山环之，秀色娟娟媚人。涧底乱石一壑，作紫玉色。两崖石壁宛转，色较缜润[⑤]；想清流汪注时，喷珠泄黛，当更何如也！十里，登石佛岭。又五里，入密县界，望嵩山尚在六十里外。从歧路东南二十五里，过密县，抵天仙院。院祀天仙，云黄帝之三女也。白松在祠后中庭，相传三女蜕骨其下。松大四人抱，一本三干，鼎耸霄汉，肤如凝脂，洁逾傅粉，蟠枝虬曲，绿鬣舞风，昂然玉立半空，洵[⑥]奇观也！周以石栏。一轩临北，轩中题咏绝盛。徘徊久之，下观滴水。涧至此忽下跌，一崖上覆，水滴历[⑦]其下。还密，仍抵西门。三十五里，入登封界，曰耿店。南向为石淙道，遂税驾[⑧]焉。

【注释】

①髫（tiáo）年：幼年。

②扪太华：指离华山很近。扪，按、摸。

③朝宗：古代诸侯春、夏朝见天子，此处比喻对嵩山的尊崇。

④一涵（hán）：一潭。

⑤缜 (zhěn) 润: 细致而润泽。

⑥洵 (xún) : 实在, 真正。

⑦滴历: 同“滴沥”, 水稀疏下滴。

⑧税 (tuō) 驾: 停宿, 休息。税, 通“脱”。

【译文】

我幼年时怀有游遍中华五岳的志向, 而玄岳嵩山的名气还在五岳之上, 仰慕之心更急切了。很久以来就打算历经襄阳府、郧阳府, 亲临华山, 从剑阁关到连云栈, 作为去游峨眉山的先导; 但因母亲年迈而改变了计划, 不得不先游武当山, 这才是属于有方寸的出游。只是沿长江溯流而上, 耗时长久, 不如从陆路去, 乘船返回, 用时较短。我于是从汝州、邓州之间的陆路走, 路程长短与走陕州、开封府路线差不多相当, 可以将嵩山、华山兼顾着游完, 然后朝拜泰山。于是在癸亥年 (天启三年, 1623) 二月初一动身, 决定从嵩山开始游览。总共走了十九天, 抵达河南开封府郑州的黄宗店。我从黄宗店右边登石坡, 观看圣僧池。一潭清澈的泉水, 色泽碧绿, 汇聚在半山腰处。山下深涧交错重叠, 干涸没有一滴水。我下坡后在涧底行走, 顺着香炉山曲折地往南行进。香炉山的形状是三座尖峰耸立、攒聚, 如同倒置的鼎, 众多的峰峦环绕, 景色秀丽迷人。涧底散乱的石头布满沟壑, 显现出紫玉色。两岸的崖壁弯弯曲曲, 崖石质地细密、色感润泽; 想象清澄的流水奔腾着注入山涧时, 水珠喷溅、飞泻一片青翠的绿色, 又该是何等的景致啊! 我走了十里, 登上石佛岭。又走五里, 进入密县境, 遥望嵩山, 还在六十里以外。从岔路往东南方向走二十五里, 过密县县治, 到达天仙院。天仙院祭祀的天仙, 就是所说的黄帝的三个女儿了。白松矗立在祠堂后面的庭院中, 相传三个女儿是在白松下蜕变成仙的。松树有四人环抱粗, 一棵树根分出三棵枝干, 三干鼎立, 高耸入云, 树皮犹如凝脂, 比涂过粉还要洁净, 松枝像龙一样卷曲盘绕, 绿色的松针迎风飞舞, 昂首挺胸, 亭亭玉立在半空中,真是奇观啊！松树四周用石栏围住。一道长廊面临北方，廊中题有咏叹胜景的诗句。我在这儿徘徊很久，才下去观看滴水。山涧到这里突然下陷，一块崖石覆盖在上面，水从崖石上往下滴。我返回密县，仍然到城西门。行进三十五里，进入登封县境的耿店。往南的方向是去石淙的路，于是我就在耿店留宿。

【原文】

二十日：从小径南行二十五里，皆土冈乱垄[①]。久之，得一溪。渡溪，南行冈脊中，下瞰则石淙在望矣。余入自大梁，平衍[②]广漠，古称“陆海”，地以得泉为难，泉以得石尤难。近嵩始睹蜿蜒众峰，于是北流有景、须诸溪，南流有颍水，然皆盘伏土碛中。独登封东南三十里为石淙，乃嵩山东谷之流，将下入于颍。一路陂陀[③]屈曲，水皆行地中，至此忽逢怒石[④]。石立崇冈山峡间，有当关扼险之势。水沁入胁下，从此水石融和，绮变万端。绕水之两崖，则为鹄立[⑤]，为雁行；踞中央者，则为饮兕[⑥]，为卧虎。低则屿，高则台，愈高，则石之去水也愈远，乃又空其中而为窟，为洞。揆[⑦]崖之隔，以寻尺计，竟[⑧]水之过，以数丈计，水行其中，石峙于上，为态为色，为肤为骨，备极妍丽。不意黄茅白苇中，顿令人一洗尘目也！

【注释】

①垄：长条形的高地。

②衍：延展，蔓延。

③陂（pō）陀：同“坡陀”，起伏不平的样子。

④怒石：峥嵘突起的石头。

⑤鹄立：像天鹅般引颈直立。

⑥兕（sì）：古书上所说的雌犀牛。

⑦揆（kuí）：估计，推测。

⑧竟：终极，到底。

【译文】

二月二十日：我从小路往南行进二十五里，路上都是土冈和交错的高地。走了很久，遇到一条溪水。渡过溪水，往南从山冈的脊上行走，往下俯瞰就可以看到石淙了。我自从进入开封府，地势平坦舒展、宽阔无边，古人称之为“陆海”，平地上把有泉水视为难得，有了泉水又把有岩石视为更难得。走近嵩山才看到蜿蜒起伏的众多山峰，在这里北边有景溪、须溪等河流，南边有颍水，但这些河流都盘绕隐伏在土堆沙滩中。只有登封县东南三十里的石淙河，是嵩山东面山谷中的流水，将往下流入颍水。一路上地形高低不平、宛转曲折，水都在地面下流，流到这里忽然遇到形状峥嵘的石头。石头高高地耸立在山冈和峡谷之间，有把守关隘，扼制险恶的气势。水浸入巨石胁下，从这里泉水和石头融合，形态变化万千。流水环绕的两岸崖石，像天鹅引颈而立，又像大雁结队而行；盘踞在水中央的岩石，则像犀牛饮水、猛虎卧伏。低矮的形成小岛，高大的形成平台，岩石越高大，则距离水面越远，却又中空成为石窟和石洞。估计每块岩石的间隔，要以八尺计算，水流完全没过岩石时，要以数丈计算。水在山崖中间穿行，岩石峙立在水上，石态水色，如肤似骨，景致极其美丽。想不到枯黄的茅草白色的芦苇中的景色，竟能顿时令人眼前一亮。

【原文】

登陇[①]，西行十里，为告成镇，古告成县地。测景台在其北。西北行二十五里，为岳庙。入东华门时，日已下舂[②]，余心艳卢岩，即从庙东北循山行。越陂陀数重，十里，转而入山，得卢岩寺。寺外数武[③]，即有流铿然下坠石峡中。两旁峡色，氤氲成霞。溯流造寺后，峡底矗崖，环如半规，上覆下削。飞泉堕空而下，舞绡[④]曳练，霏微散满一谷，可当武彝之水帘。盖此中以得水为奇，而水复得石，石复能助水不尼[⑤]水，又能令水飞行，则比武彝为尤胜也。徘徊其下，僧梵音以茶点饷。急返岳庙，已昏黑。

【注释】

①陇（lǒng）：通“垄”。

②下舂：称日落之时。

③武：古时以六尺为步，半步为武，后“武”泛指步。

④绡（xiāo）：生丝织物。

⑤尼（nǐ）：阻止。

【译文】

我登上土垅，往西走十里，是告成镇，即古代告成县所在地。测景台在镇北。往西北走二十五里，是中岳庙。进入东华门时，已经是日落时分了，我心中向往着去卢岩寺，就从中岳庙东北顺着山路行进。越过数道高低不平的坡地，走了十里，折转方向进山，到达卢岩寺。寺外几步远之处，铿然作响的流水坠入石峡中。峡谷两边山色奇美，雾气氤氲成彩霞。溯流而上到寺后，峡谷底部石崖矗立，如半圆环绕，上部倾覆，下部凹削。飞流的泉水从空中坠落下来，好像舞动的丝绸、摇曳的帛纱，细雨般的水珠洒满山谷，景色之美可以和武夷山的水帘洞比肩。大概这山中以有水为奇，而水又有岩石，岩石又能助水而不是阻水，又能让泉水飞流，则与武夷山相比又更胜一筹了。在瀑布下徘徊时，僧人梵音用茶点款待我。当我急忙返回中岳庙时，天已经昏黑。

【原文】

二十一日：晨，谒岳帝。出殿，东向太室绝顶。按嵩当天地之中，祀秩[①]为五岳首，故称嵩高。与少室并峙，下多洞窟，故又名太室。两室相望如双眉，然少室嶙峋，而太室雄厉称尊，俨若负扆[②]。自翠微以上，连崖横亘，列者如屏，展者如旗，故更觉岩岩[③]。崇封始自上古，汉武以嵩呼之异[④]，特加祀邑[⑤]。宋时逼近京畿，典礼大备。至今绝顶犹传铁梁桥、避暑寨之名。当时之盛，固可想见矣。

【注释】

①祀秩：祭祀的顺序。

②负扆（yǐ）：皇帝临朝听政时背靠屏风而坐。

③岩岩：高峻的样子。

④嵩呼之异：据《汉书·武帝纪》载，西汉元封元年（前110），汉武帝率群臣登嵩山，听到山间传来三次“万岁”的呼声，认为是嵩山山神所呼，觉得灵异，十分高兴。

⑤特加祀邑：汉武帝曾下令将嵩山下的三百户划为祀邑，并将该邑命名为“嵩高”。

【译文】

二月二十一日：早晨，我祭拜了嵩山之神岳帝。走出大殿，向东攀登太室山峰顶。据考证，嵩山位于天地正中，祭祀的顺序为五岳之首，所以被称为嵩高。嵩山和少室山并列峙立，山下很多洞窟，所以又名太室山。太室山、少室山好似双眉相互对望，但少室山嶙峋，而太室山雄伟险峻、独居尊位，俨然像背靠屏风的帝王。从绿色弥漫的山脚向上，连绵的山崖横亘不断，并列的像屏风、伸展的像旗帜，因此更觉得高峻。尊崇、祭祀嵩山从远古就开始，汉武帝因为嵩山三呼“万岁”的奇异，特别增加了奉祀岳神的嵩高邑。宋朝时嵩山临近国都附近，祭山的典礼盛大、完备。到现在山顶上还流传着铁梁桥、避暑寨的名称。当时的盛况，完全可以想象得到。

【原文】

太室东南一支，曰黄盖峰。峰下即岳庙，规制宏壮。庭中碑石矗立，皆宋、辽以来者。登岳正道，乃在万岁峰下，当太室正南。余昨趋卢岩时，先过东峰，道中见峰峦秀出，中裂如门，或指为金峰玉女沟，从此亦有路登顶，乃觅樵预期为导，今遂从此上。近秀出处，路渐折避之，险绝不能径越也。北就土山，一缕仅容攀跻，约二十里，遂越东峰，已转出裂门之上。西度狭脊，望绝顶行。是日浓云如泼墨，余不为止。至是岚气愈沉，稍开则下瞰绝壁重崖，如列绡削玉，合则如行大海中。五里，抵天门。上下皆石崖重叠，路多积雪。导者指峻绝处为大铁梁桥。折而西，又三里，绕峰南下，得登高岩。凡岩幽者多不畅，畅者又少回藏映带之致。此岩上倚层崖，下临绝壑，洞门重峦拥护，左右环倚台嶂。初入，有洞岈然，洞壁斜透；穿行数武，崖忽中断五尺，莫可着趾。导者故老樵，狷捷[①]如猿猴，侧身跃过对崖，取木二枝，横架为阁道。既度，则岩穹然上覆，中有乳泉、丹灶、石榻诸胜。从岩侧跻而上，更得一台，三面悬绝壑中。导者曰："下可瞰登封，远及箕、颍。"时浓雾四塞，都无所见。出岩，转北二里，得白鹤观址。址在山坪，去险就夷，孤松挺立有旷致[②]。又北上三里，始跻绝顶，有真武庙三楹。侧一井，甚莹，曰御井，宋真宗避暑所浚也。

【注释】

①狷（juàn）捷：敏捷。

②旷致：旷达清远的韵味。

【译文】

太室山东南的一支山脉，叫作黄盖峰。山峰下就是中岳庙，庙的规模宏伟壮观。庭院中石碑山石矗立，都是宋、辽以来的题刻。登嵩山的大路，是在万岁峰下，位于太室山正南。我昨天急奔卢岩寺时，首先经过东峰，途中看见峰峦秀丽突出，中间裂开好像两扇门，有人指着说是金峰玉女沟，从这里走也有路登上绝顶，我于是寻找打柴的人，约好时间让他做向导，今天就从这里上绝顶。走近秀峰突出处，山路渐渐折转隐秘，险极了，不能径直越过。北边逼近土山，只有一条窄仄得只容得人向上攀爬的路，大约走了二十里，才越过东峰，不久转到裂门上面。往西翻过狭窄的山脊，朝着绝顶往前走。这一天，乌云浓重得好像泼墨一般，我没有因此而停步。这时雾气越来越重，稍稍散开一些就可以朝下俯视绝壁重崖，似丝织品罗列、玉石刀削，云雾聚合时就像航行于大海中。走了五里，到达天门峰。上下都是重叠的石崖，路上积雪很多。向导指着最陡峻的地方，说这是大铁梁桥。我折转方向，向西走，又走了三里，绕着山峰往南下，到登高岩。但凡是岩崖幽深的地方山路多不畅通，畅通的又少了峰回路转、山林掩映的景致。此岩上边依靠层层山崖，下面临近极险的深壑，洞门重山簇拥，左右环靠平台及山峰。刚进入的地方，有洞穴又深又大，洞壁斜穿；在洞中穿行数步，山崖忽然从中断开五尺，没有可以落脚的地方。向导因为是老樵夫，敏捷得好似猿猴，侧身跳到断崖对面，取来两根树枝，横架在断崖上形成阁道。过了断崖，则岩石穹隆高高地覆盖在上方，当中有乳泉、丹灶、石榻各种胜景。从岩边侧身攀登而上，又有一平台，三面悬空在极深的沟壑中。向导说："往下可以俯瞰登封县，远处看得到箕山、颍水。"当时浓雾阻塞四方，什么都看不见。走出登高岩，我折转方向向北行进二里，到白鹤观遗址。遗址在山间平地上，远离险峻而靠近平坦的地方，一棵孤松挺立着，有一种旷达的情致。又往北上三里路，才登上绝顶，顶上有真武庙，分为三列。旁边有一口井，井水十分清莹，名御井，是宋真宗在这儿避暑时疏浚的。

【原文】

饭真武庙中。问下山道，导者曰："正道从万岁峰抵麓二十里。若从西沟悬溜而下，可省其半，然路极险峻。"余色喜，谓嵩无奇，以无险耳。亟从之，遂策杖前。始犹依岩凌石，披丛条以降。既而从两石峡溜中直下，仰望夹崖逼天。先是峰顶雾滴如雨，至此渐开，景亦渐奇。然皆垂沟脱磴，无论不能行，且不能止。愈下，崖势愈壮，一峡穷，复转一峡。吾目不使旁瞬，吾足不容求息也。如是十里，始出峡，抵平地，得正道。过无极洞，西越岭，趋草莽中，五里，得法皇寺。寺有金莲花，为特产，他处所无。山雨忽来，遂借榻僧寮①。其东石峰夹峙，每月初生，正从峡中出，所称“嵩门待月”也。计余所下之峡，即在其上，今坐对之，只觉云气出没，安知身自此中来也。

【注释】

①僧寮（liáo）：和尚住的小屋。

【译文】

我在真武庙中吃饭。询问下山的路，向导说：“大路顺万岁峰到山脚，有二十里。如果顺西沟悬空溜下，可以省掉一半的路程，但是道路极其险峻。”我面露喜色，一直认为嵩山没有特点，是因为没有险奇。我赶忙跟随向导，于是拄着手杖往前走。开始还依靠着岩壁越过石头，拨开丛密的草木往下走。接着就从两石峡中滑行直下，仰头看，夹在两旁的崖壁接近天空。刚开始是峰顶上的雾气像雨一样往下滴，下到这儿雾气逐渐散开，景色也慢慢奇特起来。但都是垂直的沟谷，没有石阶，不要说不能行走，根本就无法停留下来。越往下滑，崖壁的气势愈壮观，一道峡谷穷尽了，又转入另一道峡谷。我的眼睛不敢看旁边，我的脚容不得片刻停息。就这样下了十里，才走出峡谷，到达平地，到了大路。经过无极洞，往西翻越山岭，在草丛中疾行，走了五里，到法皇寺。寺里有金莲花，是特产，其他地方没有。山雨忽然降临，于是我在僧人的小屋借宿。寺东石峰相夹峙立，每当月亮刚刚升起，正好顺着峡谷中间浮出，这就是所谓的“嵩门待月”了。估计我先前所下的峡谷，就在这道峡谷上面，现在坐着与它相对，只觉得云气出没，哪里知道自己是从这里下来的。

【原文】

二十二日：出山，东行五里，抵嵩阳宫废址。惟三将军柏郁然如山，汉所封也；大者围七人，中者五，小者三。柏之北，有室三楹，祠二程先生[①]。柏之西，有旧殿石柱一，大半没于土，上多宋人题名，可辨者为范阳祖无择、上谷寇武仲及苏才翁数人而已。柏之西南，雄碑杰然，四面刻蛟螭[②]甚精。右则为唐碑，裴迥撰文，徐浩八分书[③]也。又东二里，过崇福宫故址，又名万寿宫，为宋宰相提点处。又东为启母石，大如数间屋，侧有一平石如砥。又东八里，还饭岳庙，看宋、元碑。

【注释】

①二程先生：北宋理学家程颐、程颢被称为“二程先生”。

②螭（chī）：古代传说中一种没有角的龙。古建筑或器物、工艺品上常以它的形状作为装饰。

③八分书：书法的一种。

【译文】

二月二十二日：我出了山，往东行进五里，到达嵩阳宫废旧的遗址。遗址上只有三棵将军柏郁郁葱葱、岿然如山，这是汉朝封的名称；最大的一棵要七个人围抱，中等的要五个人围抱，最小的要三个人围抱。柏树的北边，有三排房屋，是程颐、程颢两位先生的祭祠；柏树的西边，有一根旧殿石柱，一大半埋在土里，上面有很多宋代人的题名，可以分辨出来的只有范阳人祖无择、上谷人寇武仲和苏才翁等几人而已；柏树的西南方，雄伟的石碑矗立着，四面雕刻的鸱吻装饰图非常精致。右边是块唐代的石碑，裴迥撰写的碑文，徐浩用八分书书写；又往东走二里，经过崇福宫旧址，崇福宫又叫万寿宫，是宋朝宰相提点官处；再东边是启母石，有几间屋那么大，旁边有一块平坦得像细磨刀石一样的巨石。又往东走八里，我返回中岳庙吃饭，观看宋代、元代的碑刻。

【原文】

西八里，入登封县。西五里，从小径西北行。又五里，入会善寺，“茶榜”在其西小轩内，元刻也。后有一石碑仆墙下，为唐贞元《戒坛记》，汝州刺史陆长源撰文，河南陆郢书。又西为戒坛废址，石上刻镂极精工，俱断委草砾。西南行五里，出大路，又十里，至郭店。折而西南，为少林道。五里，入寺，宿瑞光上人房。

【译文】

我往西行八里，进入登封县。再往西走五里，顺小路往西北行进。又走了五里，进入会善寺，“茶榜”碑刻在寺中西边的小屋里，是元代刻的。背后有一块石碑倒在墙脚，是唐朝贞元年间（785—804）刻的《戒坛记》，碑文是汝州刺史陆长源所撰，河南人陆郢书写。再往西边是戒坛废旧的遗址，石上的雕刻镂空极其精致工整，但都已断裂、破敝，被丢弃在荒草碎石之中。往西南行五里，出到大路上，又走十里，到达郭店。折转方向朝西南走，是去少林寺的路。我走了五里，进入少林寺，就在瑞光和尚的房中歇宿。

【原文】

二十三日：云气俱尽。入正殿，礼佛毕，登南寨。南寨者，少室绝顶，高与太室等，而峰峦峭拔，负“九鼎莲花”之名。俯环其后者为九乳峰，蜿蜒东接太室，其阴则少林寺在焉。寺甚整丽，庭中新旧碑森列成行，俱完善。夹墀[①]二松，高伟而整，如有尺度。少室横峙于前，仰不能见顶，游者如面墙而立，辄谓少室以远胜。余昨暮入寺，即问少室道，俱谓雪深道绝，必无往。凡登山以晴朗为佳。余登太室，云气弥漫，或以为仙灵见拒，不知此山魁梧，正须止露半面。若少室工于掩映，虽微云岂宜点滓[②]？今则霁甚，适逢其会，乌可阻也！乃从寺南渡涧登山，六七里，得二祖庵。山至此忽截然土尽而石，石崖下坠成坑。

坑半有泉，突石飞下，亦以“珠帘”名之。余策杖独前，愈下愈不得路，久之乃达。其岩雄拓不如卢岩，而深峭过之。岩下深潭泓碧，僵雪四积。再上，至炼丹台。三面孤悬，斜倚翠壁，有亭曰小有天，探幽之屐，从未有抵此者。过此皆从石脊仰攀直跻，两旁危崖万仞，石脊悬其间，殆无寸土，手与足代匮[3]而后得升。凡七里，始跻大峰。峰势宽衍，向之危石，又截然忽尽为土。从草棘中莽莽南上，约五里，遂凌南寨顶，屏翳之土始尽。南寨实少室北顶，自少林言之，为南寨云。盖其顶中裂，横界南北，北顶若展屏，南顶列戟峙，其前相去仅寻丈，中为深崖，直下如剖。两崖夹中，坑底特起一峰，高出诸峰上，所谓摘星台也，为少室中央。绝顶与北崖离倚，彼此斩绝不可度。俯瞩其下，一丝相属。余解衣从之，登其上，则南顶之九峰森立于前，北顶之半壁横障于后，东西皆深坑，俯不见底，罡风[4]乍至，几假翰[5]飞去。

【注释】

①墀（chí）：台阶上面的空地。

②滓（zǐ）：污黑、污浊，此指被乌云遮蔽。

③手与足代匮（kuì）：脚不够用就用手代为帮助。

④罡（gāng）风：高空处猛烈的风。

⑤翰（hàn）：天鸡红色的羽毛。

【译文】

二月二十三日：云雾完全散去。我走入正殿，拜完佛后，攀登南寨。南寨是少室山绝顶，高度与太室山相等，但峰峦峭削挺拔，享有“九鼎莲花”的盛名。低伏环绕在少室山后的是九乳峰，峰峦蜿蜒曲折，东面与太室山接壤，少室山的北面则是少林寺。少林寺十分工整华丽，庭院中新旧碑石像森林一样排列、成行，都很完好。台阶两侧的两棵松树，高大雄伟且整齐，如同用尺量裁过一样。少室山横立在寺前，抬头看不到山顶，游人好像面对墙壁而立，于是就说少室山的胜景应当远观。我昨天傍晚进入寺庙，就打听登少室山的路，都说雪深阻断道路，肯定去不了。通常来说登山宜在天朗气清时最佳。我登太室山时，云烟雾气弥漫，有人认为是山神拒绝见到游客，却不知道太室山雄伟高大，正好只需露出半面。如果少室山的优美之处在于山石云雾互相掩映，那么，虽然是薄薄的云朵又怎能遮盖它的景色呢？今天则十分晴朗，恰逢这样的机会，没有什么可以阻止我了！于是我从寺南渡过山涧登山，走了六七里，到达二祖庵。山到这里忽然完全没有土而只有石头，石崖往下坠落，形成深坑。坑的半中腰有泉水，泉水冲出岩石向下飞落，也用"珠帘"命名。我拄着拐杖独自往前走，愈下去愈没有路，很久才到崖底。这里的岩比不上卢岩雄伟开阔，但幽深峭削则超过它。岩下一泓碧绿的深潭，四周积雪已经僵硬。又往上走，到炼丹台。台三面单独悬空，一面斜靠在青翠的崖壁，台上有亭，名"小有天"，游人探索幽僻景色的足迹，从来没到过这里。从这里过去都是顺石脊抬着头笔直往上攀登，两旁极陡峭的崖壁高万仞，石脊悬挂在陡崖之中，几乎没有一寸土，手脚并用然后才能上去。一共攀爬了七里路，才登上大峰。大峰的地势宽阔平坦，之前是险峻的岩石，现在又截然分开突然全是土。从草丛荆棘中莽撞地往南上，大约走了五里，就登临南寨顶，屏蔽在岩石上的土到这里完全消失。南寨其实是少室山北顶，就少林寺而言，才是南寨。原来少室山顶从中间裂开，横断为南北两部分，北顶像屏风伸展，南顶像剑戟峙立，两座山顶前沿相距仅八尺到一丈，中间是深谷，崖壁陡直好似刀削的一样。两边山崖相夹，从峡谷底部奇特地耸起一座山峰，高出众峰之上，就是所说的摘星台，为少室山的正中央。绝顶和北部山崖若即若离，彼此分离，险极而不能越过。俯瞰绝顶下面，只有一点和北崖相连。我脱掉衣服顺着山路走，登上绝顶，南顶的九峰高峻幽深地峙立在前面，北顶的半壁横列在后面，东西两面都是深坑，低头看不见底，狂风忽然刮来，令人几乎想借鸿毛乘风飞去。

【原文】

从南寨东北转，下土山，忽见虎迹大如升。草莽中行五六里，得茅庵，击石炊所携米为粥，啜三四碗，饥渴霍然去。倩庵僧为引龙潭道。下一峰，峰脊渐窄，土石间出，棘蔓翳之，悬枝以行，忽石削万丈，势不可度。转而上跻，望峰势蜿蜒处趋下，而石削复如前。往复不啻数里，乃迂过一坳，又五里而道出，则龙潭沟也。仰望前迷路处，危崖欹石，俱在万仞峭壁上。流泉喷薄其中，崖石之阴森崭巀者，俱散成霞绮。峡夹涧转，两崖静室如蜂房燕垒。凡五里，一龙潭沉涵凝碧，深不可规以丈。又经二龙潭，遂出峡，宿少林寺。

【译文】

我顺着南寨往东北方向折转，下土山，忽然看见大如升的老虎的足迹。在草丛中行进五六里，到茅庵，我用打火石取火，把带来的米煮成了粥，喝了三四碗，饥渴感顿时消失。我请庵中的僧人指引去龙潭的路。走下一座山峰，峰脊渐渐狭窄，土石交互出现，荆棘藤蔓荫蔽，我悬空抓住树枝得以前行，但岩石忽然耸立万丈，势必不能过去。我转而向上攀登，看到山峰蜿蜒处再往下走，但岩石又像前面一样耸立、陡直。来来回回不止数里，才迂回绕过一道山坳，又走了五里才有路出现，这是龙潭沟了。抬头看刚才迷路的地方，陡峭的崖壁、倾斜的岩石，都在万仞高的绝壁上。清流在其中喷涌，高峻阴森、耸立中断的崖石，都散发着绮丽的霞光。峡谷夹着山涧转，两边崖上的静室如同蜂房燕窝一样。差不多走了五里，一泓龙潭沉静，凝聚成碧绿色，深得无法丈量。我又经过两处龙潭，于是走出峡谷，在少林寺歇宿。

【原文】

二十四日：从寺西北行，过甘露台，又过初祖庵。北四里，上五乳峰，探初祖洞。洞深二丈，阔杀之[①]，达摩九年面壁处也。洞门下临寺，面对少室。地无泉，故无栖者。下至初祖庵，庵中供达摩影石。石高不及三尺，白质黑章，俨然西僧立像。中殿六祖手植柏，大已三人围，碑言自广东置钵中携至者。夹墀二松亚少林。少林松柏俱修伟，不似岳庙偃仆[②]盘曲，此松亦然。下至甘露台，土阜矗起，上有藏经殿。下台，历殿三重，碑碣[③]散布，目不暇接。后为千佛殿，雄丽罕匹。出饭瑞光上人舍。策骑趋登封道，过轘辕岭，宿大屯。

【注释】

①杀之：不及它。

②偃仆：仰而倒称偃，伏而覆为仆。

③碑碣：石碑、石碣，方者称碑，圆者称碣。

【译文】

二月二十四日：我从寺庙西北方向行进，经过甘露台，又经过初祖庵。往北走四里，登上五乳峰，探游初祖洞。洞有二丈深，宽不到二丈，这是达摩面壁九年的地方。洞门下临少林寺，正对少室山。地下没有泉水，所以没有居住者。往下到初祖庵，庵中供奉着达摩影石。影石高不到三尺，白色的质地、黑色的花纹，俨然一幅胡僧站立的图像。中殿六祖慧能亲手种的柏树，大到需要三人围抱，碑文记载说，树是慧能放在钵中，从广东带来的。台阶两侧的两棵松树不如少林寺的松树。少林寺的松柏都是挺修、雄伟，不像中岳庙的仰倒、仆伏而盘曲，这里的松柏也是直立的。下到甘露台，土山矗立，山上有藏经殿。从甘露台往下走，经过三层佛殿，方碑圆碣散布，令人目不暇接。后面有千佛殿，雄伟壮丽，少有能与之匹敌的。我出殿后就到瑞光和尚房中吃饭。饭后，我骑马赶往登封的大路，经过镮辕岭，在大屯歇宿。

【原文】

二十五日：西南行五十里，山冈忽断，即伊阙也。伊水南来经其下，深可浮数石舟。伊阙连冈，东西横亘，水上编木桥之。渡而西，崖更危耸。一山皆劈为崖，满崖镌佛其上。大洞数十，高皆数十丈。大洞外峭崖直入山顶，顶俱刊小洞，洞俱刊佛其内。虽尺寸之肤，无不满者，望之不可数计。洞左，泉自山流下，汇为方池，余泻入伊川。山高不及百丈，而清流淙淙不绝，为此地所难。伊阙摩肩接毂①，为楚、豫大道，西北历关陕。余由此取西岳道去。

【注释】

①摩肩接毂（gǔ）：肩膀相触，车毂相接，形容人潮拥挤，十分繁盛。毂，车轮中心有窟窿可以插轴的地方。

【译文】

二月二十五日：我往西南方向行进了五十里，连绵的山冈忽然中断，这就是伊阙山。伊水从南边流来经过山下，水很深，可以同时浮起数石的船。伊阙山相连的山冈，从东往西横贯，伊水上架有木桥连接两端。渡水到西岸，山崖更加险峻。一座山都劈成崖壁，整个崖壁上全都雕刻着佛像。有几十个大洞，高都有数十丈。大洞外峭削的崖壁直耸入山顶，顶上又凿有小洞，洞内都雕刻有佛像。即使是一尺一寸大小的表层，也都雕满了，佛像数量看上去无法计算。山洞左边，泉水从山上流下来，汇聚成方池，其余的泻入伊水。伊阙山高不过百丈，而清澈的流水淙淙不断，是当地所难得的。伊阙山山前人潮涌动，这是湖北、河南通往西北陕西关中的大路。我从这里取道去西岳华山。

闽游日记：游玉华洞

【原文】

二十日：渡山涧，溯大溪南行。两山成门曰莒峡。溪崖不受趾，循山腰行。十里，出莒峡铺，山始开。又十里，入将乐。出南关，渡溪而南，东折入山，登滕岭。南三里，为玉华洞。先是，过滕岭即望东南两峰耸立，翠壁嶙峋，迥与诸峰分形异色。抵其麓，一尾横曳，回护洞门。门在山坳间，不甚轩豁，而森碧上交，清流出其下，不觉神骨俱冷。山半有明台庵，洞后门所经。余时未饭，复出道左登岭。石磴萦松，透石三里，青芙蓉顿开，庵当其中。饭于庵，仍下至洞前门，觅善导者。乃碎斫[①]松节置竹篓中，导者肩负之，手提铁络，置松燃火，烬辄益之。初入，历级而下者数尺，即流所从出也。溯流屈曲，度木板者数四，倏隘倏穹，倏上倏下，石色或白或黄，石骨或悬或竖，惟"荔枝柱""风泪烛""幔天帐""达摩渡江""仙人田""葡萄伞""仙钟""仙鼓"最肖。沿流既穷，悬级而上，是称"九重楼"。遥望空濛[②]，忽曙色欲来，所谓"五更天"也。至此最奇，恰与张公洞由暗而明者一致。盖洞门斜启，玄朗映彻，犹未睹天碧也。从侧岭仰瞩，得洞门一隙，直受圆明。其洞口由高而坠，弘含奇瑰，亦与张公同。第张公森悬诡丽者，俱罗于受明之处；此洞炫巧争奇，遍布幽奥，而辟户更拓。两洞同异，正在伯仲间也。拾级上达洞顶，则穹崖削天，左右若青玉赪[③]肤，实出张公所未备。下山即为田塍，四山环锁，水出无路，汩然中坠，盖即洞间之流，此所从入也。复登山半，过明台庵。庵僧曰："是山石骨棱厉，透露处层层有削玉裁云态，苦为草树所翳，故游者知洞而不知峰。”遂导余上拾鸟道，下披蒙茸，得星窟焉。三面削壁丛悬，下坠数丈。窟旁有野橘三株，垂实累累。从山腰右转一二里，忽两山交脊处，棘翳四塞，中有石磴齿齿，萦回于悬崖夹石间。仰望峰顶，一笋森森独秀。遂由洞后穹崖之上，再历石门，下浴庵中，宿焉。

【注释】

①斫（zhuó）：用刀斧砍。

②空濛：亦作空蒙，缥缈、迷茫的境界。

③赪（chēng）：红色。

【译文】

二月二十日：我渡过山涧，顺着大溪往南行进。两边的山形成门，名叫莒峡。溪边的崖壁不能落脚，于是我顺着山腰行进。走了十里，走出莒峡铺，山势才开阔起来。又走十里，进入将乐县。从南关出去，渡过溪水往南走，往东折转进入山谷，登上滕岭。往南走三里，是去玉华洞的大路。之前一过滕岭就看到东南边有两座山峰耸立，青色的岩壁嶙峋突兀，形态、色彩都和其他山峰迥然不同。抵达峰麓，山峰像一条尾巴似的横扫过去，回护着洞门。洞门在山坳间，不太高敞开阔，但茂盛青翠的树木交错在顶上，清澈的流水从下淌出，我不禁感到全身冷彻。山腰有明台庵，是去玉华洞后门要经过的地方。此时我还没吃饭，又离开道路往左边攀登山岭。石阶边环绕着青松，穿过石阶走三里路，芙蓉花一般的青山顿时开阔起来，明台庵位于正中。我在庵中吃完饭后，仍然下到玉华洞前门，寻觅好的向导。于是将松节砍碎，并放到竹篓中，向导背着竹篓，手提铁丝编的照明器具，把松节放在里面燃烧，烧完后再往里添加。刚进洞时，我顺阶梯下去好几尺，就到了水流流出的地方。蜿蜒曲折地溯流前进，四次从木板上渡过，山洞忽而狭窄忽而开阔，道路一会儿向上，一会儿向下，岩石色彩有白有黄，石柱或是悬挂空中，或是竖在地上，只有“荔枝柱”“风泪烛”“幔天帐”“达摩渡江”“仙人田”“葡萄伞”“仙钟”“仙鼓”等景物最形象。顺着水流走到尽头，攀登陡悬的石级而上，这景名“九重楼”。遥望迷茫的洞中，忽然感到黎明即将到来，这就是“五更天”的景象了。走到这里景色最为奇妙，恰好和江苏省宜兴县的张公洞由黑暗转入明亮的景致一样。大概因为洞门斜开，明朗的日光从洞口映照进来，但却看不到碧空。顺洞壁边侧抬头看，看到一丝洞门，阳光直接射到洞口。洞口从高处往下坠，宽大奇特且瑰丽的景色，也和张公洞相同。只是张公洞森然、高峻、奇异、瑰丽的景物，都在光亮的地方；而玉华洞眩妙精巧、争相竞奇，胜景遍布于幽深奥秘的地方，并且洞门更加开阔。比较两洞景色的异同，真是不相上下。拾级而上，到达洞顶，高大的山崖峭削直入蓝天，左右两侧岩石表面像翡翠一样，青色赤色相间，实在是张公洞所不具备的。下山就是田埂。群山环抱，水流没有出路，汩汩地从中飞坠而下，大概玉华洞中的水流，就是从这里坠入的。又登到山腰，经过明台庵。庵中的僧人说：“这座山石棱角分明，十分峻峭，岩石表层露出的部分处处都有切削的玉石、裁剪的云朵般的形态，可惜被草丛树木遮蔽，所以游人只知道游玉华洞，却不知游览山峰。”于是僧人引导我找到上山的小路，拨开茂密的草丛往下走，来到星窟。星窟三面峭削，山石树木高悬，向下坠陷深达数丈。窟旁有三棵野生橘树，果实累累。从山腰往右转一二里，忽然看到两座山脊交合的地方，四周荆棘覆盖，中间有齿状的石阶梯，盘绕回环在悬崖和狭窄的岩石之间。抬头遥望峰顶，一枝竹笋般的山峰高耸独秀。于是我从洞后高大的山崖往上走，再次经过石门，下到明台庵中洗浴，在庵中宿歇。

游五台山日记

（山西太原府五台县）

【原文】

癸酉七月二十八日：出都[①]为五台游。越八月初四日，抵阜平南关。山自唐县来，至唐河始密，至黄葵渐开，势不甚穹窿矣。从阜平西南过石梁，西北诸峰复嵱嵷[②]起。循溪左北行八里，小溪自西来注，乃舍大溪，溯西溪北转，山峡渐束。又七里，饭于太子铺。北行十五里，溪声忽至。回顾右崖，石壁数十仞，中坳如削瓜直下。上亦有坳，乃瀑布所从溢者，今天旱无瀑，瀑痕犹在削坳间。离涧二三尺，泉从坳间细孔泛滥出，下遂成流。再上，逾鞍子岭。岭上四眺，北坞颇开，东北、西北，高峰对峙，俱如仙掌插天，惟直北一隙少杀[③]。复有远山横其外，即龙泉关也，去此尚四十里。岭下有水从西南来，初随之北行，已而溪从东峡中去。复逾一小岭，则大溪从西北来，其势甚壮，亦从东南峡中去，当即与西南之溪合流出阜平北者。余初过阜平，舍大溪而西，以为西溪即龙泉之水也，不谓西溪乃出鞍子岭坳壁，逾岭而复与大溪之上流遇，大溪则出自龙泉者。溪有石梁曰万年，过之，溯流望西北高峰而趋。十里，逼峰下，为小山所掩，反不睹嶙峋之势。转北行，向所望东北高峰，瞻之愈出，趋之愈近，峭削之姿，遥遥逐人，二十里之间，劳于应接。是峰名五岩寨，又名吴王寨，有老僧庐其上。已而东北峰下，溪流溢出，与龙泉大溪会，土人构石梁于上，非龙关道所经。从桥左北行八里，时遇崩崖矗立溪上。又二里，重城当隘口，为龙泉关。

【注释】

①都：指明代首都京师，在今北京。

②嵱嵷（yǒng sǒng）：山峰众多，上下起伏的样子。

③杀：减少。

【译文】

癸酉年（崇祯六年，1633）七月二十八日：我从京都出发去游览五台山。八月初四日，我来到阜平县南关。山从唐县绵延而来，到唐河开始密集，到黄葵又渐渐敞开，山势不太高大。从阜平县往西南走过石桥，西北众多的山峰又高低起伏地耸起来。沿着溪流左岸往北行进八里路，有条小溪从西边流来注入，于是离开大溪，溯西边的小溪往北转，山谷渐渐狭窄。又走了七里路，我就在太子铺吃饭。向北走十五里，忽然听到溪流声。回头看右边的山崖，石壁有数十丈高，中间的坳像削瓜一样笔直而下。崖上面也有坳，是瀑布所溢出的地方，今年天旱没有水流，但瀑流作用的痕迹仍留在削坳之间。离涧底二三尺，泉水从坳间的小孔中泛滥出来，往下汇成溪流。再往上走，越过鞍子岭。在岭上远眺四方，北面的山坞比较开阔，东北、西北，高峰对峙，群峰都像直耸云天的仙人巨掌，只有正北的一隙山坞稍微低一些。再远处还有山横贯在群峰之外，那就是龙泉关，距离这里还有四十里。岭下有股溪水顺着西南方向流来，我开始顺着溪水往北走，不久溪水从东边峡谷中流去。我又翻过一座小岭，就有一条大溪从西北方向流来，水势很壮观，也是从东南峡谷中流走，这应当就是和西南流来的小溪汇合，然后流出阜平县北的溪水。我当初经过阜平县时，离开大溪向西走，以为西边的溪流是龙泉关流来的，没想到溪水却是出自鞍子岭坳壁，我翻过山岭后又与大溪的上游相遇，大溪才是从龙泉关流出的。溪流上的石桥名为万年，过了桥，溯着溪流，我遥望着西北方向的高峰疾行。行进十里路，临近高峰下，山峰被小山掩映，反而看不见怪石嶙峋的气势了。转而向北走，刚才所看到东北边的高峰，越看越突出，趋之越近，那高峻陡峭的形态，像远远地追随人而来似的，二十里路程之间，都忙于观赏，应接不暇。这座峰名五岩寨，又名吴王寨，有个老僧人在峰上居住。不久来到东北边的高峰下，溪水往外流淌，和龙泉关流出的大溪汇合，当地人在溪上搭有石桥，但不是去龙泉关要走的路。我从石桥左边朝北行进八里，不时地遇到崩塌的崖石矗立在溪边。又走二里，就看见一座重镇位于关隘口，这就是龙泉关。

【原文】

初五日：进南关，出东关。北行十里，路渐上，山渐奇，泉声渐微。既而石路陡绝，两崖巍峰峭壁，合沓攒奇，山树与石竞丽错绮，不复知升陟之烦也。如是五里，崖逼处复设石关二重。又直上五里，登长城岭绝顶。回望远峰，极高者亦伏足下，两旁近峰拥护，惟南来一线有山隙，彻目百里。岭之上，巍楼雄峙，即龙泉上关也。关内古松一株，枝耸叶茂，干云俊物。关之西，即为山西五台县界。下岭甚平，不及所上十之一。十三里，为旧路岭，已在平地。有溪自西南来，至此随山向西北去，行亦从之。十里，五台水自西北来会，合流注滹沱河①。乃循西北溪数里，为天池庄。北向坞中二十里，过白头庵村，去南台止二十里，四顾山谷，犹不可得其仿佛。又西北二里，路左为白云寺。由其前南折，攀跻四里，折上三里，至千佛洞，乃登台间道。又折而西行，三里始至，宿。

【注释】

①滹（hu）沱河：水名，源出山西。

【译文】

八月初五日：我往南进入龙泉关，往东出关。往北行十里路，道路渐渐向上延伸，山峰渐渐奇异，泉水声渐渐消失。不久，陡峭的山路断绝，路两边的山崖峰高壁峭，层层叠叠，奇景攒聚，山中的树木和岩石竞秀，交错如锦绣，让人不再感到登山的烦劳。在这样的景致中走了五里，崖石狭窄处还设有两道石关。又直直往上走了五里，登上长城岭绝顶。回头遥望远处的山峰，最高的山峰也低伏在脚下，两旁近处的山峰簇拥而来，只有南部山中有一线缝隙，从缝隙中放眼看可达百里。长城岭上，高楼雄壮矗立，是龙泉上关。关内有一棵古松，树干高耸、枝叶茂盛，是直入云天、俊美出众的物种。龙泉上关西面，就是山西省五台县边界。下岭的路十分平坦，坡度不到上岭时的十分之一。再走十三里路，就是旧路岭，已经到平地了。有条溪水从西南流来，流到这里顺着山往西北流去，我随着溪水走。走了十里路，五台水从西北流来汇合，合流后注入滹沱河。我于是顺着往西北方向流的溪水走了几里，到天池庄。往北行，在坞中走了二十里，经过白头庵村，距离南台只有二十里了，环顾山谷的四周，还看不出五台山的形貌。又往西北走二里，道路左侧为白云寺。从寺前往南转，往上攀登四里，曲折地上了三里，来到千佛洞，这是登五台山的小路。又转向西行，走了三里，我就在这儿宿歇。

【原文】

初六日：风怒起，滴水皆冰。风止日出，如火珠涌吐翠叶中。循山半西南行，四里，逾岭，始望南台在前。再上为灯寺，由此路渐峻。十里，登南台绝顶，有文殊舍利塔。北面诸台环列，惟东南、西南少有隙地。正南，古南台在其下，远则盂县诸山屏峙，而东与龙泉峥嵘接势。从台右道而下，途甚夷，可骑。循西岭西北行十五里，为金阁岭。又循山左西北下，五里，抵清凉石。寺宇幽丽，高下如图画。有石为芝形，纵横各九步，上可立四百人，面平而下锐，属于下石者无几。从西北历栈拾级而上，十二里，抵马跑泉。泉在路隅山窝间，石隙仅容半蹄，水从中溢出，窝亦平敞可寺，而马跑寺反在泉侧一里外。又平下八里，宿于狮子窠。

【译文】

八月初六日：狂风大作，滴水成冰。风停日出，太阳像火球一样从翠绿的山林中喷涌而出。我顺着山腰往西南行，走了四里，翻越山岭，才看到南台就在前面。再往上去是灯寺，从这里开始，山路渐渐陡峻起来。走十里路，登上南台绝顶，顶上有文殊菩萨的舍利塔。北面，群台环抱耸列，只有东南、西南稍微有空隙处。正南面，古南台位于下面，远处则是盂县的群山如屏障般峙立着，而东边则和龙泉关高耸陡峻的山势连接。顺着南台右侧的道路下去，地势很平坦，可以骑马。沿着西岭往西北行十五里，是金阁岭。又顺着金阁岭左侧往西北下，行五里，来到清凉石。清凉寺庙宇幽静、秀丽，高低错落犹如图画。有一块灵芝形的石头，长宽都是九步，上面可以站四百个人，上面平整但下面尖锐，和下面石头相连的部分不多。从西北边行经栈道沿着石阶往上走十二里，到达马跑泉。马跑泉在路边的山窝中间，石缝只能容下半只马蹄，泉水从石缝中溢出，山窝也很平坦开阔，可以盖寺庙，但马跑寺反而建在泉旁边一里之外。又平缓地下行八里，我就在狮子窠宿歇。

【原文】

初七日：西北行十里，度化度桥。一峰从中台下，两旁流泉淙淙，幽靓[①]迥绝。复度其右涧之桥，循山西向而上，路欹甚。又十里，登西台之顶。日映诸峰，一一献态呈奇。其西面，近则闭魔岩，远则雁门关，历历可俯而挈也。闭魔岩在四十里外，山皆陡崖盘亘，层累而上，为此中奇处。入叩佛龛，即从台北下，三里，为八功德水。寺北面，左为维摩[②]阁，阁下二石耸起，阁架于上，阁柱长短，随石参差，有竟不用柱者。其中为万佛阁，佛俱金碧旃檀[③]，罗列辉映，不啻万尊。前有阁二重，俱三层，其周庐环阁亦三层，中架复道[④]，往来空中。当此万山艰阻，非神力不能运此。从寺东北行，五里，至大道，又十里，至中台。望东台、南台，俱在五六十里外，而南台外之龙泉，反若更近，惟西台、北台，相与连属。时风清日丽，山开列如须眉。余先趋台之南，登龙翻石。其地乱石数万，涌起峰头，下临绝坞，中悬独耸，言是文殊放光摄影处。从台北直下者四里，阴崖悬冰数百丈，曰“万年冰”。其坞中亦有结庐者。初寒无几，台间冰雪，种种而是。闻雪下于七月二十七日，正余出都时也。行四里，北上澡浴池。又北上十里，宿于北台。北台比诸台较峻，余乘日色，周眺寺外。及入寺，日落而风大作。

【注释】

①靓（jìng）：通“静”。

②维摩：梵文音译，意为“净名”或“无垢称”。佛经中说他是释迦牟尼同时代的人，有辩才。

③旃（zhān）檀：檀香，梵语译作旃檀。

④复道：高楼之间或山崖险要处架空的通道。因上下都有，被称为复道。

【译文】

八月初七日：我往西北方向行进十里，过化度桥。一座山峰从中台延伸下来，山峰两边流着淙淙的泉水，景色幽静到了极点。又越过山峰右涧上的桥，顺着山路往西向上走，山路十分倾斜。我又走十里，登上西台顶。阳光映照着群峰，一一呈现出美好的姿态和奇异的景色。西台西面，近的地方是闭魔岩，远的地方是雁门关，每座山峰都历历在目，仿佛可以俯身提起。闭魔岩在四十里外，山上全是盘旋横贯的陡崖，层层堆叠向上，成为这山中的奇特之处。我进寺庙叩拜佛像后，就顺着台的北面往下走，走了三里路，到了八功德水。寺北面，左边是维摩阁，阁下面两块石头耸起，阁就建在石头上，阁柱的长短，随石头高低而参差不齐，有的地方完全不用柱子。正中是万佛阁，佛像都是檀香木的，金碧辉煌，层层排列交相辉映，不止一万尊。万佛阁前有两排阁楼，都是三层高，阁楼周围环绕的房屋楼阁也都是三层的，各阁楼之中架有上下通道，人在通道中往来穿行。在这艰难险阻的万山之中，要不是神力，不能将建楼阁的材料运进来。顺着寺往东北走五里，来到大路上，又走十里，到达中台。遥望东台、南台，都在五六十里以外，但南台之外的龙泉关，反倒像离得更近，因为西台、北台，都和龙泉关的山脉相连。这时风清日丽，两边的山像眉毛分开而列。我先奔向中台南面，登上龙翻石。这里地上石头纵横，有数万块，堆积成峰头，下面是很深的山坞，中间的峰头悬空耸立，传说是文殊菩萨放光显身影的地方。从中台往北直直下了四里，阴森的崖壁上悬挂着几百丈冰，这叫“万年冰”。这山坞里也有人家居住。刚刚寒冷还没几天，五台山中的冰雪竟已到处都是，形态万千。听说是七月二十七日下的雪，正是我从京城出发的日子。行进四里，我往北登上澡浴池。又往北上十里，就在北台宿歇。北台比其他各台更为陡峻，我乘着日光，到寺外眺望四周。等进到寺中，太阳落山而狂风大作。

【原文】

初八日：老僧石堂送余，历指诸山曰：“北台之下，东台西，中台中，南台北，有坞曰台湾①，此诸台环列之概也。其正东稍北，有浮青特锐者，恒山也。正西稍南，有连岚一抹者，雁门也。直南诸山，南台之外，惟龙泉为独雄。直北俯内外二边，诸山如蓓蕾，惟兹山之北护，峭削层叠，嵯峨②之势，独露一班。此北台历览之概也。此去东台四十里，华岩岭在其中。若探北岳，不若竟由岭北下，可省四十里登降。”余颔之。别而东，直下者八里，平下者十二里，抵华岩岭。由北坞下十里，始夷。一涧自北，一涧自西，两涧合而群峰凑，深壑中“一壶天”也。循涧东北行二十里，曰野子场。南自白头庵至此，数十里内生天花菜[3]，出此则绝种矣。由此，两崖屏列鼎峙，雄峭万状，如是者十里。石崖悬绝中，层阁杰起，则悬空寺也，石壁尤奇。此为北台外护山，不从此出，几不得台山神理云。

【注释】

①台湾：指今台怀镇，位于五台县。

②嵯峨（cuó é）：形容山势高峻。

③天花菜：可食用的植物，五台山特产，称台山香蘑，简称台蘑。

【译文】

八月初八日：老僧人石堂送我出来，他指着一座座山峰说："北台下面，东台西面，中台正中，南台北面，有山坞名叫台湾，这是众台环绕的概貌。这里正东稍北，有座特别尖锐的青山，那就是恒山。正西略偏南方，有一片连接着云雾的山，是雁门关一带的山峰。一直向南延伸的群山，除南台之外，只有龙泉关独自称雄。直直往北俯视内外两边，群山都如同花蕾，只有这座山从北面护着群山，陡峭笔直、层层叠叠，高峻的山势，唯独显露一斑。这是全面观览北台的概况。这里距离东台四十里，途经华岩岭。如果探访北岳恒山，不如直接从华岩岭北下，可以省掉约四十里路程。"我点头同意。挥别老僧石堂后，我往东行，陡直地往下走了八里，平缓地下了十二里，抵达华岩岭。从北坞往下走十里，才到平路。一道涧沟从北伸来，一道从西伸来，两道涧沟合拢后群峰凑集，这就是深壑中的"一壶天"。顺着涧沟往东北行进二十里，名野子场。从南边的白头庵到这里，其间数十里以内都长着天花菜，从这里出去就绝种了。从这里开始，两旁的山崖如屏障一样排列、如鼎足一样耸峙，雄壮、峻峭，姿态万千，这样的景观绵延了十里。石崖高悬在绝壁之中，有层层楼阁耸起，那是悬空寺，石壁特别奇异。这是北台外围的护山，不从这条山路出台山，几乎体会不到五台山的神奇。

游恒山日记

（山西大同府浑源州）

【原文】

去北台七十里，山始豁然，曰东底山。台山北尽，即属繁峙界矣。

初九日：出南山。大溪从山中俱来者，别而西去。余北驰平陆中，望外界之山，高不及台山十之四，其长缭绕如垣①，东带平邢，西接雁门。横而径者十五里，北抵山麓，渡沙河②即为沙河堡。依山瞰流，砖甃高整。由堡西北七十里，出小石口，为大同西道；直北六十里，出北路口，为大同东道。余从堡后登山，东北数里，至峡口，有水自北而南，即下注沙河者也。循水入峡，与流屈曲，荒谷绝人。数里，义兴寨。数里，朱家坊。又数里，至葫芦嘴。舍涧登山，循嘴而上，地复成坞，溪流北行，为浑源界。又数里，为土岭，去州尚六十里，西南去沙河，共五十里矣，遂止③居民同姓家。

【注释】

①垣（yuán）：矮墙。

②沙河：指滹沱河上游。

③止：栖止，居住。

【译文】

离开北台七十里，山谷才开阔起来，这叫东底山。五台山北边尽头处，就隶属于繁峙县境了。

八月初九日：我走出南山。从山中一起出来的大溪，和我分道往西流去。我往北在平地上快速前行，遥望平地外部的山峦，高度不到五台山的十分之四，它们绵长延伸像矮墙一样缭绕平地，山峦的东边和平邢连接，西边接壤雁门。我横穿平地十五里路，往北抵达山麓，渡过沙河就是沙河堡。沙河堡依傍着山麓，俯瞰河流，砖砌的围墙又高又整齐。从沙河堡往西北方向走七十里路，出到小石口，是大同府西边的大路；往北直走六十里路，出到北路口，是大同府东边的大路。我从堡后登山，往东北走了数里，到达峡口，有股溪水从北往南流，流下去就注入沙河。顺着水流走进峡谷，路随着流水弯弯曲曲，峡谷荒凉，没有人迹。我走了数里，到兴义寨。又走数里，到朱家坊，再走数里，到葫芦嘴。离开沟涧攀登山峰，沿山嘴向上走，地势又变成山坞，随溪流往北行，进入浑源州境。又走数里，到土岭，这里离州城还有六十里路，西南距离沙河，一共有五十里路。于是我就歇宿在一家和我同姓的居民家里。

【原文】

初十日：循南来之涧北去三里，有涧自西来合，共东北折而去。余溯西涧入，又一涧自北来，遂从其西登岭，道甚峻。北向直上者六七里，西转，又北跻而上者五六里，登峰两重，造其巅，是名箭筸[①]岭。自沙河登山涉涧，盘旋山谷，所值皆土魁[②]荒阜；不意至此而忽跻穹窿，然岭南犹复阿蒙[③]也。一逾岭北，瞰东西峰连壁隤，翠蜚[④]丹流。其盘空环映者，皆石也，而石又皆树；石之色一也，而神理又各分妍；树之色不一也，而错综又成合锦。石得树而嵯峨倾嵌者，幕[⑤]以藻绘而愈奇；树得石而平铺倒蟠者，缘以突兀而尤古。如此五十里，直下至阬[⑥]底，则奔泉一壑，自南注北，遂与之俱出坞口，是名龙峪口，堡临之。村居颇盛，皆植梅杏，成林蔽麓。既出谷，复得平陆。其北又有外界山环之，长亦自东而西，东去浑源州三十里，西去应州七十里。龙峪之临外界，高卑远近，一如东底山之视沙河峡口诸山也。于是沿山东向，望峪之东，山愈嶙嶒[7]斗峭，问知为龙山。龙山之名，旧著于山西，而不知与恒岳比肩；至是既西涉其阃域[8]，又北览其面目，从不意中得之，可当五台桑榆之收[9]矣。东行十里，为龙山大云寺，寺南面向山。

【注释】

①箪（gān）：地名用字。

②土魁（kuí）：土堆。

③阿蒙：三国名将吕蒙。借“三日不见，非复吴下阿蒙矣”的典故，指依然有故态之意。

④蜚：通“飞”。

⑤幕：覆盖。

⑥阬（gāng）：大土山。

⑦嶒（céng）：形容山高的样子。

⑧阃（kǔn）域：内境。阃，特指郭门的门槛。

⑨桑榆之收：喻为弥补缺憾。典出《后汉书》，“失之东隅，收之桑榆”。

【译文】

初十日：我顺着从南伸来的沟涧往北走了三里，有条山涧从西伸来汇合，然后一齐朝东北转去。我溯西边的沟涧行进，又有一道沟涧从北伸来，于是从沟涧西边登岭，道路十分高峻。往北直上了六七里，往西转后，又往北攀登而上，行走五六里，攀登了两重山峰，去到峰顶，这峰名箭箪岭。我从沙河开始登山涉涧，在山谷中盘旋前进，所经过的都是土堆荒山；想不到到这里地势突然升高、山岭突然高大，只是岭南仍是一副故态。一翻到岭北，俯瞰东西两边，峰峦连绵，崖壁崩溃，绿色、红色相互映衬。那盘旋空中环抱映照的，都是岩石；而岩石上又都有树；岩石的色彩是一致的，但自然形态与纹理又各有其美；树木的颜色不一致，但各种颜色交错层叠，又如同织成的锦缎。岩石上有树而且高峻斜插，就像覆盖着一层彩绘的幕布，因而愈发奇妙；生长在岩石上而低伏平躺着或像龙一样盘曲倒挂的树，由于山势突兀而更加显得古雅。在这样的景致中走了五十里，一直下到大土山底，沟壑中有一股奔涌的泉水，从南往北流，我于是沿着泉水一起出到坞口，这里名龙峪口，有堡对着。村庄挺大，家家都种植梅树、杏树，形成果林荫蔽山麓。走出山谷后，又到了平地。平地北部外围还有群山环绕，长长的也从东向西延伸，平地东边距离浑源州三十里，西边距离应州七十里。与龙峪口临近的外界，高的远、低的近，完全就像在东底山看沙河、峡口的群山一样。于是我沿山往东走，远看龙峪口东边，山崖更加嶙峋峭削，询问后得知是龙山。龙山的名称，旧书写着在山西省，却不知原来是和恒山并肩相连；走到这里时已经从西边跋涉翻越到龙山内境，又从北面观览了龙山的风貌，于无意之中得以游览了龙山，这可以算作游五台山所得到的意外收获。往东行十里，到龙山大云寺，寺朝南对着山。

【原文】

又东十里，有大道往西北，直抵恒山之麓，遂折而从之，去山麓尚十里。望其山两峰亘峙，车骑接轸[①]，破壁而出，乃大同入倒马、紫荆大道也。循之抵山下，两崖壁立，一涧中流，透罅而入，逼仄如无所向，曲折上下，俱成窈窕，伊阙双峰，武彝九曲，俱不足以拟之也。时清流未泛，行即溯涧。不知何年两崖俱凿石坎，大四五尺，深及丈，上下排列，想水溢时插木为阁道者，今废已久，仅存二木悬架高处，犹栋梁之巨擘[②]也。三转，峡愈隘，崖愈高。西崖之半，层楼高悬，曲榭斜倚，望之如蜃吐重台[③]者，悬空寺也。五台北壑亦有悬空寺，拟此未能具体。仰之神飞，鼓勇独登。入则楼阁高下，槛路屈曲。崖既矗削，为天下巨观，而寺之点缀，兼能尽胜。依岩结构，而不为岩石累者，仅此。而僧寮位置适序，凡客坐禅龛，明窗暖榻，寻丈之间，肃然中雅。既下，又行峡中者三四转，则洞门豁然，峦壑掩映，若别有一天者。又一里，涧东有门榜④三重，高列阜上，其下石级数百层承之，则北岳恒山庙之山门也。去庙尚十里，左右皆土山层叠，岳顶杳不可见。止门侧土人家，为明日登顶计。

【注释】

①车骑接轸（zhěn）：车挨着车，形容十分繁荣。轸，车后的横木。

②巨擘（bò）：杰出，出众。擘，大拇指。

③蜃（shèn）吐重台：蜃景。

④榜（bǎng）：匾额。

【译文】

我又往东走了十里，有条大路通往西北，直达恒山山麓，于是折转方向顺大路走，距离恒山山麓还有十里路。遥望恒山两边山峰横贯对峙，路上车马往来不绝，穿过山路而出，原来这条路是从大同府到倒马关、紫荆关的大路。沿大路到达恒山脚下，两旁崖壁耸立，一条涧水从中流过，我在裂缝一样的峡谷中行进，道路窄仄得好像没有地方可通，山涧蜿蜒曲折、崖壁高高低低，完全是幽深雅致的景色，伊阙双峰对峙的风光，武夷山回环九曲的溪水，都不足以和这里的景色相比。此时清澈的溪水还没上涨，可以溯溪涧而行。不知是哪一年两边崖壁都凿了石坎，有四五尺宽，近一丈深，上上下下地排列着，想来是涨水时插木头做栈道用的，至今已经废置了很久，只剩下两根木头悬空架在高处，是像房屋栋梁一样的大木料。转了三道弯后，峡谷越来越窄，崖壁越来越高。西边崖壁的半腰，层叠的楼宇悬在高空，弯弯曲曲，建在高崖上的敞屋斜靠崖壁，看上去像海市蜃楼中重叠的亭台，这是悬空寺。五台山北面的壑谷中也有悬空寺，但和这里的相比就不能算完备了。仰望胜景不禁令人神往，我鼓足勇气独自攀登。进寺后则是楼阁高低错落，围着栏杆的路弯弯曲曲。崖壁已经十分高峻峭削，称得上天下大观了，而悬空寺的点缀，更是锦上添花，使原有的胜景更加完美。依傍岩壁建盖楼阁，却能不受岩石的限制，只有悬空寺。而且僧舍搭建的位置次序适当，凡是接待客人的地方和供奉佛像的小屋，窗户明净、卧榻温暖，在小小的空间里，显得庄重典雅。从悬空寺下来后，又在峡谷中转了三四道弯，于是峡谷口豁然开阔，山峦壑谷互相掩映，仿佛另有一个天地。又走了一里，山涧东面有三道悬挂着匾额的大门，高高地排列在大山上，门下有几百级石阶和门相连，这是北岳恒山庙的山门。离庙还有十里，左右两边都是层叠的土山，北岳顶还遥不可见。我在山门旁边当地人的家中栖止，为明天攀登北岳顶做准备。

浙游日记：游飞来峰

【原文】

十月初一日：晴爽殊甚，而西北风颇厉。余同静闻登宝石山巅。巨石堆架者为落星石。西峰突石尤屼嵲[①]，南望湖光江影，北眺皋亭、德清诸山，东瞰杭城万灶，靡不历历。下山五里，过岳王坟。十里至飞来峰，饭于市，即入峰下诸洞。大约其峰自枫木岭东来，屏列灵隐之前，至此峰尽骨露；石皆嵌空玲珑，骈列三洞；洞俱透漏穿错，不作深杳之状。昔黥于杨髡[②]之刊凿，今苦于游丐之喧污；而是时独诸丐寂然，山间石爽，毫无声闻之溷[③]，若山洗其骨，而天洗其容者。余遍历其下，复各扪其巅。洞顶灵石攒空，怪树搏影，跨坐其上，不减群玉山头也。（其峰昔属灵隐，今为张氏所有矣。）下山涉涧，即为灵隐。有一老僧，拥衲默坐中台，仰受日精，久不一瞬。已入法轮殿，殿东新构罗汉殿，止得五百之半，其半尚待西构也。是日，独此寺丽妇两三群，接踵而至，流香转艳，与老僧之坐日忘空，同一奇遇矣。为徘徊久之。下午，由包园西登枫树岭，下至上天竺，出中、下二天竺。复循下天竺后，西循后山，得“三生石”，不特骨态嶙峋，而肤色亦清润。度其处，正灵隐面屏之南麓也，自此东尽飞来，独擅灵秀矣。自下天竺五里，出毛家步渡湖，日色已落西山，抵昭庆昏黑矣。

【注释】

①屼嵲（wù niè）：山高耸貌。

②髡（kūn）：对和尚的鄙称。

③溷（hùn）混乱。

【译文】

十月初一日：天气十分晴朗，但西北风十分凌厉。我同静闻登上宝石山顶。大石块堆砌叠架的地方是落星石。西面的山峰石头突兀，特别高耸，向南遥望湖光江影，往北远眺皋亭、德清等诸座山峰，朝东俯瞰杭州城的万家烟火，无不历历在目。下了山走五里，经过岳王坟。又走十里，到飞来峰，我在街上吃了饭，就进入飞来峰下面的几个山洞游览。大约这座山峰从枫木岭向东延伸过来，如屏风横列在灵隐寺前面，到这里峰脉穷尽，石头裸露出来；这里的石头都是中空小巧，有并列的三个洞，各洞都交错贯通，不显出深邃幽暗的样子。这地方以前遭杨和尚的削凿破坏，如今又遭流浪的乞丐们的喧噪污染之苦；而只有这时众乞丐静寂无声，山间的石头清亮，四周没有一丝嘈杂的声音，好像青山清洗了它们的内部，蓝天擦洗了它们的外观一样。我游遍了洞下各个地方，又分别攀上山巅。洞顶灵奇的石头朝天攒聚，奇异的树木摇曳着树影，我跨坐在山巅，并不比西王母居住的群玉山头逊色。（洞所在的山峰以前属于灵隐寺，现在是一个姓张的所有了。）下了山涉过涧水，就是灵隐寺。有个老和尚，裹着僧衣默默地坐在寺前的平台中间，仰面沐浴阳光，许久不眨一眼。随后我进入法轮殿，它的东边正在新建罗汉殿，只塑了五百罗汉的一半，另一半还要等在西面建房塑造。这一天，唯独这寺有两三群美丽的妇人，接踵而来，芳香与美艳流转，这与老和尚静坐在太阳下看着天空，同样都是奇遇啊。我为此在寺内徘徊了许久。下午，我从包园往西登上枫树岭，下到上天竺，转出中天竺和下天竺。又顺着下天竺后面，向西沿着后山，找到“三生石”，它不只石骨的形态嶙峋，而且石表色泽也十分清透润泽。我估量这里正是灵隐寺对面屏风般排列的山峰的南麓，从这里往东到飞来峰尽头，山石景物最清秀美好。从下天竺出来走五里，走出毛家步后渡过湖泊，这时太阳已经西沉，回到昭庆寺已经暮色昏黑了。

江右游日记：游徐岩一线天

【原文】

过溪而东一里，由峰西北入其隘中，始知其山皆石崖盘峙，中剖而开，并夹而起，远近不一，离立同形。随路抵穹岩之下，拾级而上，得一台，缀两崖如掌。其南下之级，直垂涧底；其西上之级，直绕山巅。余意南下者为一线天，西上者为五面峰也。先跻峰，攀磴里许而至绝顶，则南瞰西华，东瞰夹壁，西瞰南溪，北瞰城邑，皆在指顾。然山雨忽来，僧人留点①，踉跄下山。复从前磴南下一线天，则两崖并夹而上，直南即从峰顶下剖者，是为直峡。路至夹中忽转而东，穿坠石之隙，复得横峡。俱上下壁立，曲直线分，抵东而复出一坞，若非复人世矣。由坞而南，望两崖穹岩盘窦，往往而是，最南抵西华，以已从五面峰瞰视，遂不复登。

【注释】

①点：点心。

【译文】

我过了溪向东走一里路，从五面峰的西北面进入峡道中，方才知道这座山全是石崖盘结对峙，石崖中间像刀削一样裂开，并排夹峙耸起，间隔远近不一，分离而立，但形态相同。顺着路到达高峻的岩石下面，我登上石阶，看到一个石台，石台上连缀着两块手掌似的石崖。石台向南下去的石阶，笔直下垂到沟涧底部；向西上去的石阶，一直绕到山顶。我心想，从南面下去的是一线天，从西面上去的是五面峰了。我先登五面峰，往上攀登一里多就到了最高处，于是向南俯瞰西华山，向东俯瞰夹立的石壁，向西俯瞰南边的溪流，向北俯瞰贵溪城池，观景都在一指手、一回头间。然而山雨突然落下，僧人留我们吃点心，我们跌跌撞撞地下了山。我再次从前面走过的石磴往南下到一线天，那里两边石崖并排夹峙而向上耸立，直通南边的山峡就是从峰顶像刀削笔直而下裂开的那个，叫作直峡。路到了夹壁中忽然折转向东，穿过向下悬坠着的石头间的缝隙，又见到了横峡。横峡上下全是直立的石壁，弯曲笔直一线之分，到达横峡东面后又走出一座山坞，好像不再是人世间了！从山坞向南走，遥望两边的山崖上，高峻的岩石和盘桓曲折的洞穴，处处都是。山坞的最南端抵达西华山，因为已经从五面峰上俯瞰过它，于是我就不再攀登了。

【原文】

仍转出一线天，北逾一岭，二里，转而东，入小隐岩。岩亦一山东西环转，南连北豁，皆上穹下逊，裂成平窍，可庐而憩。岩后有宋人洪驹父书云："宣和某年由徐岩而上，二里，复得射虎岩。"余忆徐岩之名，前由弋阳舟中已知其为余家物，而至此忽忘不及觉，壁间书若为提撕[①]者，亟出岩询之，无一能知其处。已而再闻有称峨嵋，在小隐东南三里者，余意其为徐岩之更名也，亟从之。遂由罗塘之大道，过一岭，始北转入山，竹树深蒨[②]，岩石高穹，但为释人[③]架屋叠墙，无复本来面目，且知其非徐岩也。甫欲下，雨复大至，时已过午，遂饭岩中。既饭，雨止。问仙桥之道，适有一知者曰："此有间道。循山而东，穿坞北去，四里可至。"从之。路甚荒僻，或隐或现，或岐而东西无定，几成迷津。久之逾一山，忽见碧[④]然高驾者，甚近也。及下谷而趋，复茫不可得，盖望之虽近，而隔崖分坞，转盼[⑤]易向，倅不易遇矣。既而直抵其下，盖一石高跨峰凹，上环如卷，中辟成门，两端石盘下柱，梁面平整如台，正如砌造而成。梁之东，可循崖而登其上；梁之西，有一石相去三丈余，轰踞其旁，若人之坐守者然。余先至桥下，仰视其顶，高穹圆整不啻数十丈；及登步其上，修广平直，驾虹役鹊之巧，恐不迨[6]此也。从其西二里，将抵象山，问所云徐岩，终不可得。后遇一老翁曰：“余舍后南入即是。旧名徐岩，今为朝真宫，乃鬼谷修道处，今荒没矣。非明晨不可觅，今已暮，姑过而问象山可也。”余以明晨将发，遂强静闻南望一山峡而入。始犹有路，渐入渐灭，两崖甚深。不顾莽刺，直穷其底，则石夹尽处，隘不容足。时渐昏黑，踯躅荆刺中，出谷已不辨路矣，盖此乃象山东之第三坞也。望其西又有一坞，入之不得路；时闻人声高呼，既久，知路在西，乃得入。则谷左高崖盘亘，一入即有深岩，外垂飞瀑。二僧俱新至托宿，问之，亦不知其为徐岩与否，当即所称朝真宫矣。此乃象山东之第二层也。从暗中出，复西而南寻象山，其地虽暗而路可循，两崖前突，中坞不深而峻，当其中有坊峙焉。其内有堂两重，祠位在前而室圮，后则未圮而中空。穿而入，闻崖间人语声，亟蹑级寻之，有户依岩窦间，一人持火出，乃守祠杨姓者，引余从崖右登仰止亭。亭高悬崖际，嵌空环映，仰高峰而俯幽壑，令人徙倚忘返。杨姓者以昏黑既久，街鼓已动，恐舟渡无人，暗中扶[7]余二里，送至中坊渡头。为余言，其父年已八十有八，尚健啖而善饭，盖孝而有礼者云。呼隔溪渡舟，渡入南关，里余，抵舒肆而宿。

是游也，从壁间而得徐岩之名，从昏黑而遍三谷之迹，溪南诸胜一览无余，而仙桥、一线二奇，又可以冠生平者，不独为此中之最也。

【注释】

①提撕：提醒。

②蒨（qiàn）：同“茜”，形容草长得茂盛的状貌。

③释人：佛教徒，僧尼。

④弶（qióng）：此处通“拱”。

⑤转盼：转眼之间，比喻时间短促。

⑥迨（dài）：及，到达。

⑦扶：陪伴。

【译文】

我仍往回转出了一线天，向北翻越一座山岭，又走了二里路，折转方向向东行进，进入小隐岩。这岩也是整座山自东向西环转，南面相连而北面开阔，岩石都是上面弯隆而下面内缩，分裂形成平直的洞穴，可以在其中建房休憩。岩石的后面有宋代人洪驹父书写的文字：“宣和某年我由徐岩往上走，走了二里路后，又到射虎岩。”我回想起徐岩的名称，前些日子在驶往弋阳县的船上已经得知它与我家有关，而到了这里忽然忘记没能想起来，崖壁间的文字像是专门在提醒我，于是我赶快出岩洞来询问，但没有一个人知道它在什么地方。不久后，我又听说有座岩称为峨嵋岩，在小隐岩往东南面三里的地方，我想它是徐岩更改后的名称，便赶快前往。于是从到罗塘去的大道上，翻过一座山岭，这才向北转进山中，山上竹子树木葱郁茂盛的样子，岩石高高隆起，但因佛教徒在岩间构建房屋堆砌墙壁，那岩已不再是本来的样貌了，而且我弄清了它不是徐岩。我刚想下山，天又下起大雨，这时已过了中午，于是就在岩中吃饭。吃完饭，雨停了。询问到仙桥的路，刚好有个知道的人说：“这里有条小路可去。顺着山向东走，然后穿过山坞往北走，走四里路就可以到达。”我听从了他的意见。路非常荒凉、僻静，时隐时现，或者有岔路，东西两边方向不确定，几乎成了让人找不到方向的迷惘之境。走了许久，我越过一座山，忽然看见一座高高拱起架在上面的天然石桥，离得很近。等下到山谷中赶过去，又茫然不能找到，这大概是因为看着虽然近，但中间隔着石崖、山坞，转眼间方向变换了，一下子不容易发现它在哪。不久，我直达石桥下，一块大石头高高横跨在两边山峰的低凹处，石块上部像圆筒一样环拱，中间辟成门洞，两边的石头盘曲向下形成桥柱，石桥顶部平坦工整如台，就像人工堆砌建造而成的。石桥的东面，可以顺着崖壁登到它的顶上；石桥西面，有一块石头与它相距三丈多远，高高地盘踞在桥旁边，好像一个坐在那里守护石桥的人。我先到桥下，抬头看桥顶，桥顶高高隆起，圆而齐整，距地面不下数十丈；等我登上桥，在那里漫步，才觉得桥面修长宽广，平坦笔直，那横架在空中的彩虹和织女在七夕驱使喜鹊搭起的鹊桥，恐怕都不及这座石桥巧妙。顺着它的西边行进二里路，快要到象山时，我向人打听所说的徐岩，终究没有结果。后来遇到一个年长的老者，他说："从我房屋后面往南进去就是。以前叫徐岩，现在是朝真宫，它是鬼谷子修道的地方，现在已经荒废湮没了。不等到明天早晨是寻觅不到的，今天已是日暮，姑且过去询问象山的情况还可以。"我因为明天早晨将要出发，于是就强迫静闻和我一道向南朝着一个山峡走进去。一开始还有路，渐渐往里走路就渐渐消失，两边的山崖都很幽深。我不顾草丛荆棘，直下到峡谷底下，两边石崖相夹的尽头处，路狭窄得不能放下双足。当时天渐渐昏黑，我步履艰难地从荆棘中往回走，走出山谷时已经辨不清路了，大概这是象山东面的第三个山坞。遥望山谷西面又有一座山坞，进入里面却找不到路；这时我听到有人高声呼喊，过了好久，才知道路在西面，于是才得以进入山坞中。山谷的左边高高的山崖盘曲连绵，一进去就有一个幽深的岩洞，岩洞外面是垂落的飞瀑。岩洞中的两位僧人都是新到这里托宿的，向他们打听，他们也不知道这里是不是徐岩，我想这应当就是所称的朝真宫了。这是象山东面的第二层。从昏暗中走出山谷，又往西走然后折转方向向南探寻象山，那地方虽然昏暗但有路可循，象山的两座石崖向前突出，中间的山坞不深但崖壁陡峻，山坞中间耸立着一个牌坊。牌坊里面有个分为前后两重的祠堂，祠位在前堂但房屋已经倾圮，后堂未塌但里面是空的。穿过祠堂往里走，听到崖壁间有人说话，我赶忙踏着石磴去寻找，原来有户人家依傍于岩洞中。有一人手里拿着火把走出来，他是守护祠堂的人，姓杨，他领我从崖壁右边登上仰止亭。仰止亭高悬在崖壁边缘，嵌在空中，青山环映，在亭上抬头可以观览高峻的山峰，低头可以俯瞰幽深的沟壑，令人流连忘返。姓杨的人因为天黑已久，街上的更鼓已经敲过，担心渡口没有人渡船，便搀扶着我在黑暗中行进了二里路，送我到达中坊渡码头。他对我说，他父亲已经八十八岁，但是饭量还很好，我想他大概是个孝顺又知礼的人。我隔着溪流呼喊对岸的渡船，船将我渡到了南关，之后我又走了一里多路，就到舒家旅店歇宿。

这次出游，从崖壁间发现了徐岩这个名称，在昏暗中行进而我的足迹遍及三个峡谷，对溪南面的各处胜景一览无余，而其中的仙桥、一线天两处奇景，可以说是我生平游览的胜景中最绝妙的，而不止是这个地方的风景之最。

楚游日记：游南岳衡山

【原文】

二十七日：早闻雨，餐后行少止。由寺西循天柱南一里，又西上二里，越南分之脊，转而北，循天柱西一里，上西来之脊，遂由脊上西南行，于是循华盖之东矣。一里，转华盖南，西行三里，循华盖西而北下。风雨大至，自是持盖行。北过一小坪，复上岭，共一里，转而西行岭脊上。连度三脊，或循岭北，或循岭南，共三里而复上岭。于是直上二里，是为观音峰矣。由峰北树中行三里，雨始止，而沉霾殊甚。又西南下一里，得观音庵，始知路不迷。又下一里，为罗汉台。有路自北坞至者，即南沟来道。于是复南上二里，连度二脊，丛木亦尽，峰皆茅矣。既逾高顶，南下一里，得丛木一丘，是为云雾堂。中有老僧，号东窗，年九十八，犹能与客同拜起。时雾稍开，又南下一里半，得东来大路，遂转西下，又一里半至涧，渡桥而西，即方广寺。（寺正殿崇祯初被灾，三佛俱雨中。）盖大岭之南，石廪峰分支西下，为莲花诸峰；大岭之北，云雾顶分支西下，为泉室、天台诸峰。夹而成坞，寺在其中，（寺始于梁天监中。）水口西去，环锁甚隘，亦胜地也。（宋晦庵、南轩诸迹，没俱丁火。）寺西有洗衲池，补衣石在涧旁。渡水口桥，即北上山。西北登一里半，又平行一里半，得天台寺。寺有僧全撰，名僧也。适他出，其徒中立以芽茶馈。盖泉室峰又西起高顶，突为天台峰。西垂一支，环转而南，若大尾之掉，几东接其南下之支。南面水仅成峡，内环一坞如玦，在高原之上，与方广可称上下二奇。返宿方广庆禅、宁禅房。

【译文】

一月二十七日：我早晨听到雨声，餐后出发时雨稍微停了些。从寺西面顺着天柱峰南边走了一里，又朝西向上走了二里，越过天柱峰南面的山脊，转而向北，顺天柱峰往西走了一里，登上从西边延伸过来的山脊，于是从山脊上往西南行，从这里起就是顺着华盖峰的东面走了。走了一里，转到华盖峰的南面，往西走三里，顺华盖峰西面向北往下走。狂风暴雨突然来临，我撑伞而行。往北越过一小块山间平地，又上了岭，共走了一里，转而向西行走于岭脊上。我接连越过三座山脊，或者顺岭北，或者顺岭南，共走了三里之后又上了岭。从那山岭直往上走二里，就是观音峰了。从观音峰北面的树林中行走三里，雨才停，然而阴霾依旧沉重。又往西南朝下走一里，见到观音庵，才知道没迷路。再朝下走一里，是罗汉台。有条从北面山坞延伸过来的路，就是从南沟来的路。从罗汉台又往南朝上走两里，接连越过两座山脊，密集的树木也穷尽了，山峰间都是些茅草。随后越过高高的山顶，朝南往下走一里，我见到一座丛木生长的小山，这就是云雾堂。云雾堂中有个老僧人，法号东窗，年纪九十八岁，还能和客人一样行跪拜起立之礼。这时雾气稍微散开了些，我又往南朝下走了一里半，见到从东面延伸来的大路，于是折转方向朝西走下去，又走一里半到达山涧，过桥到西面，就是方广寺。（方广寺的正殿在崇祯初年遭灾被毁，三尊佛像都裸露在雨中。）原来大岭的南面，石廪峰分出支脉往西延伸下去，是莲花诸峰；大岭的北面，云雾堂所在山峰的峰顶分出支脉往西延伸下去，成为泉室、天台等山峰。它们夹峙而形成山坞，方广寺位于山坞中间，［方广寺始建于南朝梁天监年间（502—519），］从山坞的水口往西过去的地方，峰峦回环交锁，很是险隘，也是一处名胜之地。（宋代朱晦庵、张南轩留在寺中的各种遗迹，都毁于火灾中。）寺西面有个洗衲池，补衣石在山涧旁边。我渡过水口桥，就往北上了山。向西北攀登一里半，又在平地上走了一里半，见到了天台寺。寺中有个僧人叫全撰，是个有名的僧人。正好遇到他外出了，他的徒弟中立用芽茶馈赠我。大概泉室峰又从西面高顶延伸而来，突起而成为天台峰。天台峰西面垂下一条支脉，它环绕而折向南面，好像一条掉转的大尾巴，几乎往东连接着天台峰向南延伸下去的那条支脉。天台峰南面的水流细小仅形成峡沟之势，山峡内环绕着一个山坞好像玉石，这山坞位于高山之上，与方广寺所在的那座山坞可称为上下两大奇景。我返回方广寺，宿歇在庆禅和宁禅的房中。

【原文】

先是，余欲由南沟趋罗汉台至方广；比登古龙池，乃东上侧刀峰，误出天柱东；及宿福严，适佛鼎师通道取木，遂复辟罗汉台路。余乃得循之西行，且自天柱、华盖、观音、云雾至大坳，皆衡山来脉之脊，得一览无遗，实意中之事也。由南沟趋罗汉台亦迂，不若径登天台，然后南岳之胜乃尽。

【译文】

原先，我想从南沟赶往罗汉台再到方广寺；等登上古龙池，竟往东上了侧刀峰，错转到天柱峰东面；到宿在福严寺时，正好佛鼎禅师凿通了道路去拾取木材，于是又开辟了到罗汉台的路。我才得以顺着那辟开的路往西行，而且从天柱峰、华盖峰、观音峰、云雾峰等山峰到大坳都是衡山山脉的峰脊，可以一览无余，实在是意料之中的事情。从南沟赶往罗汉台的道路也迂回曲折，不如径直登上天台峰，这样南岳衡山的胜景便可以览尽。

【原文】

二十八日：早起，风雨不收。宁禅、庆禅二僧固留，余强别之。庆禅送至补衲台而别。遂沿涧西行，南北两界，山俱茅秃。五里，始有石树萦溪，崖影溪声，上下交映。又二里，隔溪前山，有峡自东南来，与方广水合流西去。北向登崖，崖下石树愈密，涧在深壑，其中有黑、白、黄三龙潭，两崖峭削，故路折而上，闻声而已，不能见也。已而平行山半，共三里，过鹅公嘴，得龙潭寺。寺在天台西峰之下，南为双髻峰。盖天台、双髻夹而西来，以成龙潭之流；潭北上即为寺，寺西为狮子峰，尖削特立，天台以西之峰，至此而尽；其南隔溪即双髻西峰，而莲花以西之峰，亦至此而尽。过九龙，犹平行山半，五里，自狮子峰南绕其西，下山又五里，为马迹桥，而衡山西面之山始尽。桥东去龙潭十里，西去湘乡界四十里，西北去白高三十里，南至衡阳界孟公坳五里。自马迹桥南渡一涧，涧即方广九龙水去白高者。即东南行，四里至田心。又越一小桥，一里，上一低坳，不知其为界头也。过坳又五里，有水自东北山间悬崖而下，其高数十仞，是为小响水塘，盖亦衡山之余波也。又二里，有水自北山悬崖而下，是为大响水塘。阔大过前崖，而水分两级，转下峡间，初见上级，后见下级，故觉其不及前崖飞流直下也。前即宁水桥，问水从何处，始知其南由唐夫沙河而下衡州草桥。盖自马迹南五里孟公坳分衡阳、衡山界处，其水北下者，即由白高下一殒江，南下者，即由沙河下草桥，是孟公坳不特两县分界，而实衡山西来过脉也。第其坳甚平，其西来山即不甚高，故不之觉耳。始悟衡山来脉非自南来，乃由此坳东峙双髻，又东为莲花峰后山，又东起为石廪峰，始分南北二支，南为岣嵝[①]、白石诸峰，北为云雾、观音以峙天柱。使不由西路，必谓岣嵝、白石乃其来脉矣。

【注释】

①岣嵝（gǒu lǒu）：岣嵝峰，位于衡阳。

【译文】

一月二十八日：我早晨起来，风雨还没停。宁禅、庆禅两位僧人坚决挽留我，我强行辞别了他们。僧人庆禅送我到补衲台才告别。我于是沿山涧向西行进，南北两边，山上都是光秃秃的茅草。走了五里，才有石崖树木萦绕在溪畔，崖影与溪流声，上下交相辉映。我又走了二里，隔着溪对岸的前山间，有条峡谷自东南面延伸过来，山峡中的水与方广寺来的水汇合后向西流去。我们往北登上山崖，山崖下面石头树木更加茂密，涧水在深谷中，深谷中有黑、白、黄三个龙潭，因为崖壁峻峭陡削，所以山路只能折转而上，只能听到水声，不能见到龙潭。随后我在山腰平缓行进，一共走了三里，过鹅公嘴，就到了龙潭寺。龙潭寺在天台峰的西峰下，寺南面是双髻峰。原来天台峰、双髻峰二峰夹峙往西延伸，从而形成了龙潭的水流；龙潭北面山上就是寺庙，寺庙西面是狮子峰，尖锐陡峭，孤峰耸立，天台峰以西的山峰，到这里就没有了；狮子峰南面溪流对岸就是双髻峰的西峰，而莲花峰以西的山峰到这里也没有了。过了九龙坪，我依然在山腰平直行进，走了五里后，从狮子峰的南面绕到了西面，下了山又走五里，为马迹桥，衡山西面的山峦这才到了尽头。马迹桥东距龙潭十里，西距湘乡县界四十里，西北距白高三十里，南到衡阳县界孟公坳五里。从马迹桥往南渡过一条山涧，就是从方广寺、九龙坪流往白高去的那条水流。我又往东南方向行进，走四里路到了田心。又越过一座小桥，走了一里，登上一个低矮的山坳，我并不知道它是两县的分界线。越过山坳又走了五里，有水流从东北面山间高悬的石崖上倾泻下来，它高几十仞，这是小响水塘，大概这水也是衡山水流的余波。又走了二里，有水流从北面山上高悬的悬崖间倾泻下来，这里是大响水塘。水面的宽处超过了前面的那块崖壁，且水还分成两级，折转向下注入山峡间，先看见上面的一级，然后见到下面的那级，所以觉得它比不上从前面崖壁上飞流直下的瀑布壮观。大响水塘前面就是宁水桥，我询问别人桥下的水从何处流来，才知道它是往南从唐夫沙河往下流到衡州城的草桥。大概从马迹桥往南走五里的衡阳、衡山两县分界处的孟公坳起，水往北流，即经白高向下流到一殒江，往南流是从沙河流到草桥，因此孟公坳不只是两县的分界线，而实际上是衡山山脉西延所经过的地方。只是这山坳十分平坦，衡山西延的山脉又不高，所以没有觉察到罢了。我这才醒悟从衡山延伸来的山脉并不来自南面，而是从这山坳向东耸起成为双髻峰，又往东为莲花峰后面的山脉，又往东耸起为石廪峰，这才分成南北两支，南支是岣嵝、白石等山峰，北支为云雾峰、观音峰耸峙而成的天柱峰。假使不从衡山西面走，必定认为岣峰、白石峰就是衡山的来脉了。

粤西游日记：游阳朔漓江

【原文】

二十五日：自阳朔东南渡头发舟，溯流碧莲峰下。由城东而北，过龙头山，自是石峰渐隐。十里，古祚驿。又十五里，始有四尖山在江左，其右亦起群尖夹江，是为水绿村。又北七里，有岩在江之西岸，门甚高敞，东向临江。由右腋深入，渐高而黑，久乃空濛，复东辟门焉。由岩左腋上登，其上前亘为台，后结一窦，有尼栖焉。不环堵，不覆屋，因台置垣，悬梯为道，甚觉轩爽。窦后复深陷成峡，昏黑。东下欲索炬深入，尼言无奇多险，固止之。而雷声复殷殷促人，时舟已先移兴平，遂出洞。由洞左循麓溯江，草深齐项，半里，达螺蛳峰下。其峰数盘而上，层累若螺蛳之形，而卓耸压于群峰，乃兴平东南水口山也。以前岩在其下，土人即指为螺蛳岩。余觉岩在螺峰之南，双岐低峰之麓，及入岩读碑，而后知其为蛟头，非螺蛳也。螺蛳以峰胜，蛟头以岩胜，螺蛳穹而上盘，蛟头垂而下络，不一山，亦不一名也。绕螺蛳又二里，及舟，入半里，少舣①兴平。其地有溪自东北来，石山隙中，遥见巨岭亘列于内，即所趋恭城道也。崖上有室三楹，下临江渚，轩栏横缀，为此中所仅见，额曰“月到风来”，字亦飞逸，为熊氏书馆。余闯入其中，竟不见读书人也。下舟已暮，又北二里而泊。

【注释】

①舣（yǐ）：停船靠岸。

【译文】

五月二十五日：我从阳朔东南方向的渡口码头登船，溯着江流来到碧莲峰下。从城东往北，我经过龙头山，从这里起石峰渐渐消失。行进十里，到古祚驿。又行十五里，才有四座尖顶的山峰出现在江流左边，江右也耸起成群的尖顶的山峰夹峙江流，这是水绿村。我又向北行进七里，有个岩洞在江的西岸，洞口十分高峻敞亮，东面临江。从右侧深入进去，渐渐变高变黑，很久后就变得迷茫一片，我又往东辟开一扇门。从岩洞的左侧往上登，那上面前边横亘的是平台，后面盘结成一个洞穴，有尼姑住在里边。没有围墙，不盖屋顶，依着平台建了矮墙，悬挂着梯子作为通道，觉得非常宽敞明亮。洞穴后方又深陷成峡谷，昏暗一片。我朝着东边下去想要索取火把往里深入，尼姑说没有奇特之处，而且有很多险阻，坚决地阻止我进去。而且雷声又隆隆催人，这时船已经先移到兴平，于是我出了洞。从洞左边沿山麓溯江走，草深齐脖子，走了半里，我到达螺蛳峰下。螺蛳峰往上盘绕数层，层层堆叠好似螺蛳的形状，而且高高耸起压过群峰，是兴平东南的水口山。因为先前的那个岩洞在它下方，当地人就指认它为螺蛳岩。我觉得岩洞在螺蛳峰的南面，位于分为两岔的低峰的山麓，到进岩洞读了碑文，这才知道它是蛟头岩，不是螺蛳岩。螺蛳峰以山峰取胜，蛟头岩以岩洞取胜，螺蛳峰隆起而向上盘绕，蛟头岩低垂往下盘结，不是一座山，也不是一个名字。绕过螺蛳峰我又走二里，到船上，往里行进半里，暂时停靠在兴平。这里有溪水从东北流来，从石山的缝隙中，我远远望见有巨大的山岭横亘着排列在里面，就是通往恭城的道路了。山崖上有三间屋子，下临江中的小洲，高高的栏杆横着点缀，是这一带所唯一看见的景象，匾额上写着“月到风来”，字体也飞舞飘逸，是熊家的私塾。我闯入私塾中，竟然不见读书的人。下船时已是日暮，我又往北行船二里停泊下来。

【原文】

二十六日：昧[1]爽发舟，西北三里，为横埠堡，又北二里为画山。其山横列江南岸，江自北来，至是西折，山受啮[2]，半剖为削崖；有纹层络，绿树沿映，石质黄红青白，杂彩交错成章，上有九头，山之名“画”，以色非以形也。（土语：“尧山十八面，画山九筒头，有人能葬得，代代出封侯。”后地师指画山北面隔江尖峰下水绕成坪处为吉壤，土愚人辄戕其母欲葬之。是夕峰坠，石压其穴，竟不得葬，因号其处为忤逆地。余所恨者，石坠时不并毙此逆也。）舟人泊舟画山下晨餐。余遂登其麓，与静闻选石踞胜，上罨[3]彩壁，下蘸绿波，直是置身图画中也。崖壁之半，有洞北向，望之甚深，上下俱无所着足。若缘梯缀级于石纹之间，非直空中楼阁，亦画里岩栖矣。

【注释】

①昧：暗，不明。

②啮（niè）：咬，这里指侵蚀。

③罨（yǎn）：掩盖。

【译文】

五月二十六日我在黎明开船，往西北方向行进三里，是横埠堡，又往北行进二里是画山。画山横列在漓江南岸，江水从北边流来，到了这里向西折转，山体受到侵蚀，一半像被刀剖，成为陡削的悬崖；有石纹层层络联，绿树沿岸，相互映衬，石质呈黄、红、青、白之色，各种色彩交错成花纹，上边有九个头，山之所以起名叫“画”，是因为颜色而不是因为形状。（当地土话说：“尧山十八面，画山九个头，有人能葬得，代代出王侯。”后来风水先生指出，画山北面隔江的带尖顶的山峰下江水环绕而成的平地之处是一块吉地，当地的一个蠢人就残杀了自己的母亲，打算把她葬在那里。当天傍晚山峰坠落，岩石压住了那个墓穴，最终不可以埋葬，因此把那地方称作忤逆之地。我感到遗憾的是，岩石坠落时没有一起砸死这个逆子。）船夫把船泊在画山下吃早餐。我于是登上画山山麓，与静闻选了块岩石盘坐在胜景上，上面覆盖着彩色的石壁，下面蘸着绿色的水波，简直像是置身于图画之中。崖壁的半腰，有个洞朝向北方，看上去洞非常深，上下都没有落脚的地方。如果沿着石纹之间有梯子或石阶，那不只是空中楼阁了，跟画里面栖息在岩穴中是一样的。

【原文】

（返而登舟，）又北一里，上小散滩。又北二里，上大散滩。又北七里为锣鼓滩，滩有二石象形，在东岸。其处江之西涯，有圆峰端丽；江之东涯，多危岩突兀。（其山南岩窍，有水中出，缘突石飞下坠江，势同悬瀑。粤中皆石峰拔起，水随四注，无待破壑腾空。此瀑出崇窍，尤奇绝。）

【译文】

（我返回来登上船，）又向北行进了一里，上了小散滩。又往北行进二里，上了大散滩。又往北行进七里是锣鼓滩，河滩上有两块大象形状的岩石，在东岸。此处江的西岸，有座圆圆的山峰端庄秀丽；江的东岸，有很多极高的岩石突兀着。（这山南面的岩洞中，有水从洞中流出，顺着突出的岩石向下飞注坠入江中，势同悬空的瀑布。粤中一带都是石峰拔地而起，水顺势往四周流淌，无须突破壑谷腾空而下。这条瀑布从高高的岩洞中流出，尤其奇妙绝伦。）

黔游日记：游白水河瀑布

【原文】

二十三日：雇短夫遵大道南行。二里，从陇头东望双明西岩，其下犹透明而东也。洞中水西出流壑中，从大道下复西入山麓，再透再入，凡三穿岩腹，而后注于大溪。盖是中洼壑，皆四面山环，水必透穴也。又南逾阜，四升降，共四里，有堡在南山岭头。路从北岭转而西下，又二里，有草坊当路，路左有茅铺一家。又西下，升陟陇壑，共七里，得聚落[1]一坞，曰白水铺，已为中火铺矣。又西二里，遥闻水声轰轰，从陇隙北望，忽有水自东北山腋泻崖而下，捣入重渊，但见其上横白阔数丈，翻空涌雪，而不见其下截，盖为对崖所隔也。复逾阜下半里，遂临其下流，随之汤汤西去，还望东北悬流，恨不能一抵其下。担夫曰："是为白水河。前有悬坠处，比此更深。"余恨不一当其境，心犹慊慊[2]。随流半里，有巨石桥架水上，是为白虹桥。其桥南北横跨，下辟三门，而水流甚阔，每数丈，辄从溪底翻崖喷雪，满溪皆如白鹭群飞，"白水"之名不诬矣。度桥北，又随溪西行半里，忽陇箐亏蔽，复闻声如雷，余意又奇境至矣。透陇隙南顾，则路左一溪悬捣，万练飞空，溪上石如莲叶下覆，中剜三门，水由叶上漫顶而下，如鲛绡[3]万幅，横罩门外，直下者不可以丈数计，捣珠崩玉，飞沫反涌，如烟雾腾空，势甚雄厉，所谓"珠帘钩不卷，匹练挂遥峰"，俱不足以拟其壮也。盖余所见瀑布，高峻数倍者有之，而从无此阔而大者，但从其上侧身下瞰，不免神悚。而担夫曰："前有望水亭，可憩也。"瞻其亭，犹在对崖之上，遂从其侧西南下，复度峡南上，共一里余，跻西崖之巅。

其亭乃覆茅所为，盖昔望水亭旧址，今以按君道经，恐其停眺，故编茅为之耳。其处正面揖飞流，奔腾喷薄之状，令人可望而不可即也。停憩久之，从亭南西转，涧乃环山转峡东南去，路乃循崖拾级西南下。

【注释】

①聚落：定居一年以上的村落。

②慊慊（qiàn qiàn）：遗憾。

③鲛绡（jiāo xiāo）：相传是鲛人所织的绡，亦泛指薄绢、轻纱。

【译文】

四月二十三日：我雇了个短途挑夫后顺着大道往南行。行进了二里路，从陇头向东望双明洞西边的岩壁，它的下面仍然向东透着亮光。洞中的水向西流出注入壑谷中，从大道下方再向西流入山麓，两次渗出两次流入，总共三次穿过岩腹，然后注入大溪中。大概是这里中间是低洼壑谷，都是四面环山，水流必须通过洞穴了。我又向南越过山阜，四次上山四次下山，共走了四里，有土堡在南山岭头。路从北岭折转向西后往下延伸，又行进二里，有座茅草牌坊位于路中，路左边有一家茅草店铺。我又向西往下走，往上攀登在土垄壑谷之间，一共走了七里，遇到一个在山坞中的村落，叫白水铺，已经是中火铺了。又往西行二里，我远远听见轰轰隆隆的水声，从山垄的缝隙朝北望去，忽然看见有河水从东北山腋往山崖下倾泻，捣入重重的深渊之中，只见它的上半截横着白色的水流，宽有数丈，如翻飞腾空、汹涌澎湃的雪白浪花，却见不到它的下半截，因为被对面的山崖挡住了。再越过山阜往下走半里，便靠近瀑布的下游，顺着浩浩荡荡的水流向西走去，回头遥望东北方高悬的飞流，我恨不得径直到达它的下面。挑夫说："这是白水河。前边有河水从高处悬空下坠的地方，比这里更深。"我恨不能亲临其境一次，心里仍很遗憾。顺着水流走了半里，有座巨大的石桥架在水上，这是白虹桥。白虹桥呈南北方向横跨河上，下面开有三个桥洞，可水流十分宽阔，每隔几丈宽，就有水流从溪底越过石崖喷涌而出的雪白的浪花，满溪都像白色的鹭鸶成群飞翔，“白水”的名字真不假啊。到了桥北，我又沿溪水向西行进半里，忽然山垄亏缺，竹林荫蔽，又听见如雷的水声，我想又到了一处奇景。透过山垄的缝隙向南回望，只见道路左边有一条溪流悬空向下捣，好像万条白色的丝帛在空中飞舞，溪上的岩石像荷叶一样向下覆盖，中部有像是刀剜的三个洞口，水流从荷叶上漫过顶部泄下，如万匹薄纱，横向笼罩在洞外，一直下泻的距离无法丈量，似捣入珍珠、玉石崩裂，水花四溅，波涛返涌，如烟雾腾空，气势非常雄壮凶猛，所谓“珠帘钩不卷，匹练挂遥峰”都不足以用来比拟它的壮观。我所见过的瀑布，比它高峻几倍的也有，却从没见过这样又宽又大的，仅从瀑布上方侧身向下俯瞰，就不免神魂悚然。而挑夫说：“前面有座望水亭，可以休息。”远眺那座亭子，还在对面的山崖上，于是我从瀑布侧边往西南方向下山，再越过峡底从南边上山，共走了一里多路，登上了西面山崖的顶端。这亭子是茅草盖成的，大概是昔日的望水亭旧址，如今因为巡按大人要路过，恐怕他会停下来眺望，所以用茅草来搭盖。这个地方恰好能从正面看到飞流，奔腾喷薄的样子，令人可望而不可即。停下来休息了很久，我从亭子的南面向西转，涧水绕着山峰峡谷往东南方向流去，山路则沿着山崖上的石阶往西南方向向下延伸。

滇游日记：游颜洞

【原文】

临安府颜洞凡三，为典史颜姓者所开，名最著。余一至滇省，每饭未尝忘钜鹿①也。遂由省中南过通海县，游县南之秀山。上一里半，为灏穹宫。宫前巨山茶二株，曰红云殿。宫建自万历初，距今才六十年，山茶树遂冠南土。又南抵临安府。城南临泸江；此江西自石屏州异龙湖来，东北穿出颜洞；而合郡众水，亦以此洞为泄水穴也。于是觅一导游者于城东接待寺。颜洞大道，当循城而南，渡泸江桥；导者从寺前隔江东北小路行，遂不得渡泸江，东观三溪会合处。由寺北循塘岸东行，塘东皆红莲覆池，密不见水。东北十五里，渡赛公桥。水自西北来，东南入泸。又五里，上山，为金鸡哨。哨南泸江会诸水，由此东入峡。峡甚逼，水倾其中，东抵洞口尚里余。望洞顶石崖双劈，如门对峙，洞正透其下，重冈回夹之，不可得见。求土人导入，皆曰："水涨流急，此非游时。若两月前水涸，可不桥而入；今即有桥，亦不能进，况无桥耶！"桥非一处，每洞中水深处，辄架木以渡。往例按君来游，架桥费且百金，他费亦百金。土人苦之，乘普酋兵变，托言洞东即阿迷境，叛人尝出没此，遂绝官长游洞者。余必欲一至洞门，土人曰："须渡江南岸，随峡入，所谓泸江桥大道也。"始悔为导者误，乃舍水洞，觅南明、万象二陆洞。

【注释】

①钜（jù）鹿：古地名。

【译文】

临安府颜洞共有三个洞，以姓颜的典史所开辟的最为著名。我一到云南省，每顿饭都不曾忘记游颜洞的事。于是我从省城昆明往南，经过通海县，游览位于县南的秀山。上山一里半，是灏穹宫。宫前有两棵巨大的山茶树，叫作红云殿。灏穹宫建于万历初年，距离现在才六十年，但山茶树已经是滇南第一了。又往南到达临安府。府城南部临近泸江；泸江从西边的石屏州异龙湖流过来，从东北方向流出颜洞；全临安府的众多河流，也是以颜洞为泄水通道。我于是在城东接待寺寻觅到一名导游。去颜洞的大路，应当顺着府城向南走，渡过泸江桥；导游从寺前与大路隔江的小路往东北行进，于是无法渡过泸江，只能往东观看三股溪流汇合的地方。从接待寺北沿着池塘岸边往东行进，池塘东面全被红莲覆盖，茂密得看不见水。往东北走了十五里，渡过赛公桥。桥下的水从西北流来，往东南注入泸江。又走五里，往山上走是金鸡哨。哨南边的泸江与各股水流汇合，从这里往东流入峡谷。峡谷十分狭窄，江水倾泻其中，往东流到洞口还有一里多。遥望洞顶两边如刀劈开的石崖，像门一样对峙着，山洞正好从门下穿过，被重重的山冈回环地夹立，无法看见。我请求当地人引导我进去，都说："水位上涨，水流湍急，现在不是游洞的季节。如果在两个月前流水干涸时来，可以不架桥就进洞了；现在即使有桥，也不能进去，更何况没有桥呢！"桥不止一个地方有，洞中每一处水深的地方，都架有木桥让人渡过。按惯例，按察使来游颜洞，架桥要花费将近百两的银子，其他费用还要百两银子。当地人苦于此，乘着普酋兵变，借口颜洞东边的出口就是阿迷州境，叛军曾在这儿出没，于是游颜洞的官员绝迹了。我想一定要去到洞口，当地人说："必须渡过泸江到南岸，顺着峡谷进去，就是所说的泸江桥大路。"我才后悔被导游误导了，于是离开水洞，去寻找南明、万象两个陆地洞穴。

【原文】

从哨东下坡，复上山登顶。东瞰峡江环峡东入，洞门即在东峡下。余所登山处，正与其上双崖平对，门犹为曲掩，但见峭崖西向，涌水东倾，捣穴吞流之势，已无隐形矣。东北三里，逾岭脊下山。二里，则极东石壁回耸，如环半城，下开洞门北向。余望之有异，从之直下，一里，抵峡中。又一里半，抵东壁下。稍南上，洞门廓然，上大书“云津洞”，盖水洞中门也。游颜洞以云津为奇：从前门架桥入，出后门，约四五里，暗中傍水行，中忽辟门延景，其上又绝壁回环，故自奇绝。余不能入其前洞，而得之重崿绝巘[1]间，且但知万象、南明，不复知有云津也，诚出余意外。遂瞰洞而下。洞底水从西南穴中来，盘门内而东，复入东南穴去。余下临水湄，径之，水阔三丈，洞高五六丈，而东西当门透明处，径可二十丈。但水所出入，直逼外壁，故非桥莫能行。出水西穴，渐暗不可远窥；东为水入穴处，稍旁拓，隔水眺之，中垂列乳柱，缤纷窈窕。复上，出洞外，上眺东南北三面，俱环壁无可上。仍西出旧道，北上山。东一里，逾岭，已陟东壁回环上，岭坞中东向一里。其地南北各起层峰，石崖时突，万象洞即在北崖上，乃导者妄谓在南崖下。直下者一里，抵南崖。一洞东向，高四丈，水从中涌出，两崖角起，前对为峡，水出洞破峡，势极雄壮，盖水洞后门也。又东二里，抵老鼠村，执途人问之，万象洞在西北岭上，即前所从下山处，洞甚深，历降而下，底与水洞通。余欲更至洞门，晚色已合，去宿馆尚十里。念此三洞，慕之数十年，趋走万里，乃至而叛彝阻之，阳侯[2]隔之，太阳促之，导人又误之，生平游屐，斯为最厄矣！

【注释】

①重崿（è）绝巘（yǎn）：山崖重重，山谷险绝。崿，山崖。

②阳侯：古代传说中的波涛之神，这里借指波涛。

【译文】

我从金鸡哨往东下坡，又登上山顶。向东俯瞰，峡谷中的江水绕着峡谷往东流进洞内，洞口就在东边的峡谷下面。我登山的地方，正好与它两边的石崖平行相对，洞口好像被曲折的山谷遮掩，只看见陡峭的石崖向着西方，汹涌的江水往东倾泻，捣入洞穴、洞吞江流的气势，已经没有任何遮掩的形迹。我往东北走了三里，翻过岭脊后下山。行进二里，则最东面的石壁回环耸立，如同半圆形的城墙，下面敞开着的洞门面朝北方。我遥看它地势不同寻常，顺着它一直往下，走了一里，抵达峡谷中，又走了一里半，抵达东面的石壁下方。稍稍往南上去，洞门开阔敞亮，洞门上面写着大大的“云津洞”，原来是水洞的中门。游颜洞以游云津洞最为奇特：从前门架桥进洞，走出后门，大约四五里，在黑暗中紧靠水流而行，途中忽然辟有中门，引进日光，洞上面又有绝壁回旋环绕，所以自然是奇妙绝顶。我没能从前门进入水洞，却在重重山崖和极陡峭的山峰间观览它，而且原来只知道有万象洞、南明洞，不知道还有云津洞，这的确出乎我的意料。于是俯视着洞往下走。洞底的水从西南方向的洞穴流过来，在洞门内盘绕后向东流去，又从东南的洞穴流出。我下到水边，估量洞的大小，水面有三丈宽，洞有五六丈高，而位于东西之间正当门的透出光亮的地方，洞的直径大有二十丈。但水从洞中流出流进，一直逼近外面的岩壁，所以没有桥就不能行进。西边的出水洞，因为逐渐地暗下去而无法看得很远；东边是水流进洞穴的地方，旁边渐渐拓开，隔着水眺望，中间垂着钟乳柱，形态多样、深邃幽美。又往上走出洞外，眺望洞口上的东、南、北三个方向，都是崖壁环绕无法上去。我仍然往西从原路出来，往北上山。向东走一里，翻越山岭，继而登上了东边回环曲折的崖壁。从坞中往东走一里。这里南面、北面层层山峰耸立，石崖时而突起，万象洞就在北面石崖的上方，而导游却乱说在南面石崖的下方。我往下径直走了一里，抵达了南边的石崖。这里有一个石洞面朝东方，有四丈高，水从洞中涌出，两边的石崖像两只角一样耸立，在洞前对峙为峡谷，水出洞后就冲破峡谷流走了，气势极其雄壮，原来这是水洞的后门。我又往东走了二里路，抵达老鼠村，拉住路人问路，万象洞在西北方的山岭上，就在先前所下山的地方，洞很深，经过陡降的山路下来之后，洞底和水洞相通。我还想去到洞口，但夜色笼罩，这儿距离住宿的旅馆还有十里路。我惦念这三个洞穴，钦慕达数十年，奔走几万里，到这里却被叛乱的彝人阻碍了，大水拦路，太阳催促，再加上导游误导，一生的游览经历中，这次是最艰难困苦的了！

滇游日记：盘江考

【原文】

南北两盘江，余于粤西已睹其下流，其发源俱在云南东境。余过贵州亦资孔驿，辄穷之。驿西十里，过火烧铺。又西南五里，抵小洞岭。岭北二十里有黑山，高峻为众山冠，此岭乃其南下脊。岭东水即东向行，经火烧铺、亦资孔，乃西北入黑山东峡，北出合于北盘江；岭西水自北峡南流，经明月所西坞，东南出亦佐县，南下南盘江。小洞一岭，遂为南、北盘分水脊。

【译文】

南盘和北盘两江，我在广西时已经见过它们的下游，它们都发源于云南东部境内。我经过贵州亦资孔驿时，就把它们的源流推究到极点。我从亦资孔驿往西走十里，经过火烧铺。又往西南走五里，到达小洞岭。小洞岭北面二十里处有座黑山，高大陡峻为群山第一，小洞岭是黑山向南下延伸的山脊。小洞岭东部的河水往东流，经过火烧铺、亦资孔驿，就从西北流入黑山东面的峡谷，再往北流出与北盘江汇合；小洞岭西面的河水从峡谷北面往南流，途经明月所西面的山坞，往东南流出亦佐县，往南向下汇入南盘江。小洞岭这一山岭，就是南盘江和北盘江的分水岭。

【原文】

《一统志》谓，南北二盘俱发源沾益州东南二百里，北流者为北盘，南流者为南盘，皆指此黑山南小洞岭，一东出火烧铺，一西出明月所二流也。后西至交水城东，中平开巨坞，北自沾益州炎方驿，南逾此经曲靖郡，坞亘南北，不下百里，中皆平畴，三流纵横其间，汇为海子[1]。有船南通越州，州在曲靖东南四十里。舟行至州，水西南入石峡中，悬绝不能上下，乃登陆。十五里，复下舟，南达陆凉州。越州东一水，又自白石崖龙潭来，与交水海子合出石峡，乃滇东第一巨溪也，为南盘上流云。

【注释】

①海子：湖泊。

【译文】

《一统志》中称，南盘江、北盘江都发源于沾益州的东南方向二百里处，往北流的是北盘江，往南流的是南盘江，都指示这两条江的源头是黑山南部的小洞岭，一条从东面流出火烧铺，一条从西面流出明月所是第二条河流。我后来向西到交水城东面，中间一座平坦、开阔的巨大山坞，北边从沾益州炎方驿，往南越过这里穿过曲靖府，山坞横亘南北，绵延不只一百里，山坞里都是平坦的田野，三条河流在其间纵横流淌，汇聚为湖泊。有船往南通往越州，越州在曲靖府的东南方向四十里处。乘船前行到越州，河水往西南流入石崖构成的峡谷中，峡谷极高峻，船不能进退，我于是登上陆地。我走了十五里，又下到船里，往南到达陆凉州。越州东部有一条河，又从白石崖的龙潭流来，和交水海子汇合流出石峡，这是滇东第一大河啊，可以说是南盘江的上游。

【原文】

余憩足交水，闻曲靖东南有石堡温泉胜，遂由海子西而南。南下二十里，一溪来自西北，转东南去，入交海，桥跨之，为白石江；涓细仅阔数丈，名独著，以沐西平首破达里麻于此，遂以入滇也。按达里麻以师十万来拒，与我师夹江阵，是日大雾，沐分兵从上流潜济，绕出其后，遂破之。今观线大山溪，何险足据；且白石上流为戈家冲，源短流微，潆带不过数里内。沐公曲靖之捷，夸为冒雾涉江，自上流出奇夹攻之，为不世勋，不知乃与坳堂无异也！度桥南六里，抵曲靖郡。出郡南门，东南二十五里，海子汪洋涨溢，至是为东西山所束，南下伏峡间。桥横架交溪上，曰上桥。桥西开一坞东向，即由上桥西折入坞，半里至温泉。泉可浴，泡珠时发自池底，北池沸泡尤多，对以六角亭，曰喷玉。东逾坡半里，抵桥头村。村西行田畴间，忽一石高悬，四面蓊丛，楼楹上出，即石崖堡也，与温泉北隔一坞。径平畦里许，抵堡东麓，南向攀级，上凌绝顶，则海子东界山南绕于前，西界山自北来，中突为此崖，又西峙而南为水口山。交溪南出上桥，前为东界山南绕所扼，辄西南汇为海子，正当石堡南；其东北白石崖龙潭，与东南亦佐之水，合交溪下流于越州，乃西南破峡去。而石堡正悬立众峰中，诸水又汇而潆之，危崖古松，倍见幽胜。

【译文】

我在交水驻足休息，听说曲靖府东南面有石堡温泉的名胜，于是从交水海子西面转而向南。往南向下行二十里，一条溪水从西北流来，转而向东南方向流去，流入交水海子，横跨在溪水上的桥，是白石江；水流涓细，只有几丈宽，却特别著名，因为西平侯沐英首先在这里攻破达里麻的军队，才得以进入滇池地区。据考证，达里麻凭借十万军队前来抵御，和我明朝军队隔江分别布阵，那一天雾大，沐英分兵从白石江上游潜水渡江，绕到达里麻阵地后方，于是攻破达里麻军队。而现在看到白石江的水流像线一样细，哪里有什么天险足以凭借；而且白石江的上游是戈家冲，江水源头短、流量小，潆绕流经的地方不过几里之内。沐公将曲靖之战的捷报，夸大为冒着浓雾险涉白石江，从上游出奇夹攻达里麻军队，是世上没有他人能达到的功勋，却不知道白石江和家小水塘没有差别。过桥往南走六里，抵达曲靖府。从曲靖府南门出去，往东南方向走二十五里，交水海子一片汪洋，湖泊水涨满溢，到这里被东西两边的山所束缚，往南流入低伏的峡谷中。有座桥横架在交溪上，叫上桥。桥西边敞开一座向东绵延的山坞，于是从上桥往西折转进入山坞，走半里地到达温泉。温泉可以沐浴，时常有像珍珠一样的水泡从池底冒出，北池中沸腾的水泡特别多，和六角亭相对，这里叫作喷玉泉。我往东越过山坡再走半里路，到达桥头村。从桥头村往西在田野间行进，忽然有一座石峰高悬，四面丛林茂密，楼阁在峰上透出，这就是石崖堡了，和北边的温泉隔着一座山坞。我在平坦的田野里径直走了一里多路，到达石崖堡的东麓，向南面攀登台阶，登上凌空的极高的山顶，于是交水海子东部的山往南环绕到前方，西部的山从北边延伸过来，中间突立成为这石崖堡，又往西耸立而在南边成为水口山。交溪往南流出上桥，前方被东部群山往南环绕所阻扼，于是在西南方汇聚成为湖泊，正好位于石崖堡的南面；它东北边白石崖的龙潭水，与东南边亦佐县的水流，与交溪汇流后往下流到越州，然后往西南方向冲破峡谷奔流而去。而石崖堡高悬耸立在群山正上方，各条水流又汇合起来且潆绕着它，高崖古松，倍显幽深胜景。

【原文】

北下山，西一里抵石堡村。回眺石堡，西北两面嵌空奇峭，步步不能去。由村南下坡，东半里，逾一石梁。南走梁下者，即交溪，溪遂折东南去。又东一里半，抵东山麓。东北上山，从石片中行，土倾峡坠，崩嵌纷错，石骨竞露如裂瓣，从之倾折取道。石多幻质，色正黑如着墨，片片英山绝品。石中上者一里，至岭坳，下见西坞南流之江，下坠岭南之峡，乃交溪由桥头南下，横截此山南麓以东去者也。

余已躬睹南盘源，闻有西源更远，直西南至石屏州，随流考之。其水源发自石屏西四十里之关口，流为宝秀山巨塘，又东南下石屏，汇为异龙湖。湖有九曲三岛，周一百五十里。岛之最西北近城者，曰大水城，顶有海潮寺；稍东岛曰小水城。舟经大水城南隅，有芰荷①百亩，巨朵锦边，湖中植莲，此为最盛。水又东经临安郡南，为泸江，穿颜洞出，又东至阿弥州，东北入盘江。盘江者，即交水海子，南经越州、陆凉、路南、宁州，至州东六十里婆兮甸，合抚仙湖水；又南至播箕街河甸，合曲江；又东至阿弥州稍东，合泸江。二江合为南盘江，遂东北流广西府东山外。

【注释】

①芰（jì）荷：指菱叶与荷花。芰，古时指菱。

【译文】

我从北面下山，往西走一里地到达石堡村。往回眺望石崖堡，西、北两面嵌在空中出奇地陡峭，我步步不忍离去。从石堡村南面下坡，往东走半里，经过一座石桥。桥下往南流的水就是交溪，交溪从这里折转向东南流去。我又往东走了一里半，到达东边山麓。从东北面上山，在碎石丛中行走，泥土倾塌，峡谷深坠，土崩石嵌纷纷交错，裸露的石块争相冒出，如同花瓣开裂，我从这里倾斜、曲折地折取道路。石块的质地富于变化，颜色纯正，黑得像着了墨，片片都是英山石中的极品。从石中往上一里，就到了山岭的平地，往下能看到西坞中往南流的江水，往下坠入岭南的峡谷里，是交溪从桥头往南边向下流淌，横穿过这座山的南麓后往东流去的江水。

我已经亲眼看到南盘江的源头，听说有个西支的源头更远，一直往西南走到石屏州，我顺着水流考察西支源头。它的水流发源于石屏州西面四十里的关口，流入宝秀山的巨大水塘中，又从东南方向流下石屏州，汇流为异龙湖。异龙湖有九道弯、三座岛，周长一百五十里。最西北边靠近石屏城的岛叫大水城，城顶有座海潮寺；略偏东的岛叫小水城。船经过大水城的南边，那儿有上百亩的菱角、荷花，硕大的花朵交织出锦缎般的湖边，湖中种有莲藕，以这里规模最大。异龙湖水又往东流经临安郡的南面，成为泸江，穿过颜洞流出，又往东流到阿弥州，再往东北流入盘江。盘江就是交水海子，往南流经越州、陆凉州、路南州、宁州，到宁州东面六十里的婆兮甸，与抚仙湖水汇合；又往南流到播箕街的河甸，与曲江水汇合；又往东流到阿弥州稍稍偏东的地方，与泸江水汇合。两条江汇合之后成为南盘江，于是往东北流向广西府的东山之外。

【原文】

余时征诸广西土人，竟不知江所向。乃北过师宗州，又东北去罗平州十五里，抵一坞曰兴哆啰。其坞西傍白蜡，东瞻罗庄，南去甚遥，而罗庄山森峭东界，皆石峰离立，分行竞奋，复见粤西面目。盖此丛矗怪峰，西南始此，而东北尽于道州，磅礴数千里，为西南奇胜，此又其西南之极也。已而至罗平，询土人盘江曲折，始知江自广西府流入师宗界，即出罗平东南隅罗庄山外，抵巴旦彝寨，会江底河；寨去罗平东南二百里，江东即广南府境。又东北经巴泽、河格、巴吉、兴隆、那贡，至霸楼，为霸楼江；（六处地名，俱粤西安隆长官司地。今安隆无土官，俱为广南、泗城所占。）遂入泗城境之八蜡、者香，于是为右江。再下，又有广南富州之水，自者格经泗城之葛阆、历里来合，而下田州云。

【译文】

我当时征询过很多广西府的本地人，竟没有人知道南盘江的流向。我于是往北经过师宗州，又往东北走到距离罗平州十五里的地方，到达一个叫兴哆啰的山坞。山坞西边依傍白蜡山，向东瞻望看得到罗庄山，南面延伸的距离很远，而庄山东部森然陡峭，都是石崖山峰分开突立，分行排列竞相奋起，又显出广西山脉的风貌。大概这类丛林般矗立的奇异山峰，西南边从这里开始出现，往东北到道州穷尽，气势磅礴绵延千里，是西南地区奇特的胜景，这里又是西南胜景的极致。不久我来到罗平州，向本地人询问南盘江折转的流向，才知道南盘江从广西府流入师宗州境内，就从罗平州东南边流出罗庄山外，到巴旦彝寨，和江底河汇合；巴旦彝寨距离罗平州东南二百里，南盘江东岸是广南府境。南盘江又往东北流经巴泽、河格、巴吉、兴隆、那贡，流到霸楼，被称为霸楼江；（这六个地名所在地，全是广西安隆长官司的属地。现在安隆长官司没有当地官员，这些地方都被广南府、泗城州所占有。）从霸楼流入泗城州的八蜡、者香，于是成为右江。再往下流，又有广南府富州的水流，从者格流经泗城州的葛阆、历里后与右江汇合，说是向下流到田州。

【原文】

后余至云南省城，过杨林，见北一海子特大，古称嘉利泽，北成大溪，出河口。溪北有山甚峻，曰尧林山。又东北十里出峡，经果子园，北至寻甸府，合郡城西北水，汇为南海子。又东北与马龙水合于郡东二十里七星桥，为阿交合溪。余因究水所出，知其下沾益州为可渡河，乃北盘江上流也。按此则南北二盘，但名称之同耳，发源非一山之水。北盘自可渡河而东，始南合亦资孔、火烧铺之水，则火烧铺非北盘之源也。南盘自交水发源，南渡越州，始合明月所之水，则明月所非南盘之源也。乃《一统志》北盘舍杨林，南盘舍交水，而取东南支分者为源。则南北源一山之误，宜订正者一。

又以南盘至八蜡、者香，一水自东北来合，土人指以为北盘江，遂谓南北盘皆出于田州。夫北盘过安南，已东南下都泥，由泗城东北界，经那地、永顺，出罗木渡，下迁江。则此东北合南盘之水，自是泗城西北箐山所出。谓两江合于普安州、泗城州之误，宜订正者二。

【译文】

后来我到云南省城，经过杨林所时，看见杨林所北面有一个特别大的湖泊，古时被称为嘉利泽，北边形成大溪，流出河口。大溪北面有十分陡峭的山峰，名叫尧林山。又往东北十里流出峡谷，流经果子园，往北流到寻甸府，与府城西北边的水流汇合，汇聚成为南海子。南海子又往东北流，与马龙州水在府城东面二十里处的七星桥汇合，汇聚为阿交合溪。我顺着阿交合溪流出的方向考察，知道它流下沾益州成为可渡河，就是北盘江的上游。根据这些考察，则南盘江和北盘江，只是名称相同而已，源头不是同一座山的水流。北盘江从可渡河往东流，才与从南边流来的亦资孔驿、火烧铺的河流汇合，那么火烧铺就不是北盘江的发源地。南盘江从交水发源，往南流过越州，才与明月所的河流汇合，那么明月所就不是南盘江的发源地。而《一统志》记载北盘江舍弃了杨林所，记载南盘江舍弃了交水，而选择东南分支作为它们的源头。那么南盘江、北盘江发源于同一座山的错误记载，是应当订正的第一处。

又因为南盘江流到八蜡、者香时，有一条河从东北流来与它汇合，当地人指认它为北盘江，于是说南盘江与北盘江都源出于田州。实际上，那北盘江流过安南，就已经往东南流到都泥，从泗城州东北境内，流经那地、永顺，从罗木渡流出，向下流到迁江。那么这一条从东北流来汇入南盘江的河流，自然是从泗城州西北箐山流出来的。称南盘江、北盘江在普安州、泗城州汇合的错误，是应当订正的第二处。

【原文】

至《一统志》最误处，又谓南北二盘，分流千里，会于合江镇。盖惟南宁府西左右江合流处为合江镇，是直以太平府左江为南盘，田州右江反为北盘矣。今以余所身历综校之：南盘自沾益州炎方驿南下，经交水、曲靖，南过桥头，由越州、陆凉、路南，南抵阿弥州境北，合曲江、泸江，始东转，渐北合弥勒巴甸江，是为额罗江。又东北经大柏坞、小柏坞，又北经广西府东八十里永安渡，又东北过师宗州东七十里黑如渡，又东北过罗平州东南巴旦寨，合江底水，经巴泽、巴吉，合黄草坝水，东南抵霸楼，合者坪水，始下旧安隆，出白隘，为右江。北盘自杨林海子，北出嵩明州果子园，东北经热水塘，合马龙州中和山水，抵寻甸城东，北去彝地为车洪江。下可渡桥，转东南，经普安州北境，合三板桥诸水，南下安南卫东铁桥，又东南合平州诸水，入泗城州东北境，又东注那地州、永顺司，经罗木渡，出迁江、来宾，为都泥江，东入武宣之柳江。是南盘出南宁，北盘出象州，相去不下千里；而南宁合江镇，乃南盘与交趾丽江合，非北盘与南盘合也。其两盘江相合处，直至浔州府黔、郁二江会流时始合，但此地南北盘已各隐名为郁江、黔江矣。则谓南盘、北盘即为南宁左、右江之误，宜订正者三。

若夫田州右江源，明属南盘，《志书》又谓源自富州，是弃大源而取支水，犹之志南盘者源明月所，志北盘者源火烧铺也。彼不辨端末巨细，悍然[1]秉笔，类一丘之貉也夫！

【注释】

①悍然：蛮横。

【译文】

说到《一统志》记载最大的错误，是又认为南盘江、北盘江两条河各自分流千里，在合江镇汇合。大概只有南宁府西部左江、右江合流的地方叫合江镇，因此《一统志》便直接把太平府的左江当作南盘江，而田州的右江反被认为北盘江了。现在要以我的亲身经历来对这些错误进行综合校订。南盘江从沾益州炎方驿往南流出，经交水、曲靖府，再往南流过桥头，从越州、陆凉州、路南州往南流，流到阿弥州境北部，和曲江、泸江汇合，才转向东流，逐渐流向北方与弥勒州的巴甸江汇合，这才成为额罗江。额罗江又往东北流经大柏坞、小柏坞，又往北流过广西府东面八十里处的永安渡，又往东北流经师宗州东面七十里处的黑如渡，又往东北流过罗平州东南面的巴旦彝寨，与江底河汇合，经过巴泽、巴吉，与黄草坝的河流汇合，往东南流到霸楼，与者坪的河流汇合，然后才开始流到旧安隆，从白隘流出，形成右江。北盘江发源自杨林所的湖泊，往北流出嵩明州果子园，往东北流经热水塘，与马龙州中和山的河水汇合，流到寻甸府城东部，往北流入叫作车洪江的彝族居住地区。车洪江向下流到可渡桥，折转方向往东南流去，流经普安州北境，与三板桥的各条水流汇合，往南流到安南卫东边的铁桥，又往东南流、与平州的各条水流汇合，流入泗城州东北境内，又往东注入那地州、永顺司，流经罗木渡，又流出迁江、来宾，成为都泥江，往东流入武宣的柳江。因此，南盘江从南宁府流出去，北盘江从象州流出去，两江互相距离不只千里；而南宁府的合江镇，是南盘江与交趾丽江汇合的地方，并非是北盘江与南盘江汇合的地方。而南盘江、北盘江相互汇合的地方，一直要到浔州府黔江、郁江两江合流时才汇合，但是在浔州府汇合的南盘江、北盘江已经分别隐去自己的名字，而叫作郁江、黔江了。那么称南盘江、北盘江就是南宁府的左江、右江的错误，是应当订正的第三处。

而田州的右江源流，明明属于南盘江，而志书上又称右江发源于富州，这是舍弃主要的源流而选择了支流，如同记载南盘江发源于明月所、记载北盘江发源于火烧铺一样。他们这种做法，跟不分辨始末巨细，提起笔就蛮横地进行记载的做法一样，类似一丘之貉啊！

滇游日记：溯江纪源

【原文】

江、河为南北二经流，以其特达于海也。而余邑正当大江入海之冲，邑以江名，亦以江之势至此而大且尽也。生长其地者，望洋击楫，知其大不知其远；溯流穷源，知其远者，亦以为发源岷山而已。余初考纪籍，见大河自积石入中国。溯其源者，前有博望之乘槎①，后有都实之佩金虎符。其言不一，皆云在昆仑之北，计其地，去岷山西北万余里，何江源短而河源长也？岂河之大更倍于江乎？迨逾淮涉汴，而后睹河流如带，其阔不及江三之一，岂江之大，其所入之水，不及于河乎？迨北历三秦，南极五岭，西出石门、金沙，而后知中国入河之水为省五，（陕西、山西、河南、山东、南直隶。）入江之水为省十一。（西北自陕西、四川、河南、湖广、南直，西南自云南、贵州、广西、广东、福建、浙江。）计其吐纳，江既倍于河，其大固宜也。

【注释】

①槎（chá）：木筏。

【译文】

长江、黄河是南北两条干流，因为它们的独特而能流到大海。而我们县正位于大江注入大海的要冲之地，县城也因长江而得名，也因为长江的水势到这里变得浩大且将要穷尽。生长于此的人，看着汪洋击桨，知道水势浩大却不知道它的源头非常遥远；追溯江流穷尽源头，知道它源头遥远的人，也认为它发源于岷山而已。我起初考证了典籍，得知黄河从积石山流入中原。追溯黄河源头的人，前有乘木筏的博望侯，后有佩带金虎符的都实。他们说法不一，都说在昆仑的北面，估计那地方，距离岷山西北方向有一万多里，为什么长江的源头短但黄河的源头长呢？难道黄河比长江还要大吗？等到我涉水渡过淮河汴河，然后才看到黄河的水流如同衣带，宽阔不到长江的三分之一，难道长江这样大，它汇入海洋的水量，还比不上黄河吗？我往北游历了三秦地区，最南到达五岭，向西到了石门关、金沙江，然后知道中国流入黄河的水流来自五个省，（陕西、山西、河南、山东、南直隶。）流入长江的水流来自十一个省。（西北的来自陕西、四川、河南、湖广、南直隶，西南的来自云南、贵州、广西、广东、福建、浙江。）估算它们水流的吞吐量，长江既然比黄河多一倍，它的水量本就应该大。

【原文】

按其发源，河自昆仑之北，江亦自昆仑之南，其远亦同也。发于北者曰星宿海，（佛经谓之徙多河[1]。）北流经积石，始东折入宁夏，为河套，又南曲为龙门大河，而与渭合。发于南者曰犁牛石，（佛经谓之殑伽河[2]。）南流经石门关，始东折而入丽江，为金沙江，又北曲为叙州大江，与岷山之江合。余按岷江经成都至叙，不及千里，金沙江经丽江、云南、乌蒙至叙，共二千余里，舍远而宗近，岂其源独与河异乎？非也！河源屡经寻讨，故始得其远；江源从无问津，故仅宗其近。其实岷之入江，与渭之入河，皆中国之支流，而岷江为舟楫所通，金沙江盘折蛮僚溪峒间，水陆俱莫能溯。（在叙州者，只知其水出于马湖、乌蒙，而不知上流之由云南、丽江；在云南、丽江者，知其为金沙江，而不知下流之出叙为江源。云南亦有二金沙江：一南流北转，即此江，乃佛经所谓殑伽河也；一南流下海，即王靖远征麓川，缅人恃以为险者，乃佛经所谓信度河[3]也。云南诸志，俱不载其出入之异，互相疑溷[4]，尚不悉其是一是二，分北分南，又何由辨其为源与否也。）既不悉其孰远孰近，第见《禹贡》“岷山导江”之文，遂以江源归之，而不知禹之导，乃其为害于中国之始，非其滥觞发脉之始也。导河自积石，而河源不始于积石；导江自岷山，而江源亦不出于岷山。岷流入江，而未始为江源，正如渭流入河，而未始为河源也。不第此也，岷流之南，又有大渡河，西自吐蕃，经黎、雅与岷江合，在金沙江西北，其源亦长于岷而不及金沙，故推江源者，必当以金沙为首。

【注释】

①徙多（sī tā）河：古代印度传说中的一条河。有人认为是叶尔羌河和塔里木河。

②殑伽（jìng jiā）河：今印度恒河。

③信度河：今巴基斯坦的印度河。

④溷（hùn）：肮脏、浑浊，此指混淆。

【译文】

考察它们的发源地，黄河源于昆仑山北侧，长江也源于昆仑山南侧，它们的流程也相同。发源于北侧的叫星宿海，（佛经中称它为徙多河。）往北流经积石山，才往东折转流进宁夏卫，形成河套，又向南弯曲成为龙门峡的大河，而后与渭水汇合。发源于南侧的叫犁牛石，（佛经中称它为殑伽河。）往南流经石门关，才往东折转流进丽江，成为金沙江，又向北弯曲成为叙州府的大江，与位于岷山的江水汇合。经我考察，岷江在流经成都后到达叙州府，流程不到一千里，金沙江流经丽江、云南、乌蒙府后到达叙州府，流程共有两千多里，舍弃远的却把近的看作是本源，难道它的源头唯独与黄河不同吗？不是这样的！黄河的源头经过屡次探寻讨论，所以才找到它远处的源头；长江的源头从来没有人问津，所以只是把近处的支流作为源头。其实岷江流入长江，与渭水流入黄河一样，它们都是中国境内的支流，而岷江能通行船只，金沙江盘绕曲折在蛮僚聚居的溪涧之间，水陆两路都无法追溯。（生活在叙州府的人，只知道这条江水出自于马湖府与乌蒙府，却不知上游流经了云南、丽江；生活在云南、丽江的人，知道它叫金沙江，却不知下游流出叙州府后成了长江的源头。云南也有两条金沙江：一条向南流后再往北转的，就是这条江，是佛经中所说的殑伽河了；一条往南流入海洋，就是王靖远征讨伐麓川时，缅甸人倚靠它成为险要的地方，是佛经中所说的信度河。云南诸多种类的志书，都不记载它们出入的不同，互相疑惑混淆，连它们是一条江还是两条江，在北方分流还是在南方分流都不清楚，又怎么辨别它的源头是否正确？）既然不知道它们哪个远哪个近，只见到《禹贡》中“岷山导江”的文字，于是就把长江的源头归属于它，却不知道大禹疏导岷江，是因为它是给中国带来灾害的起点，不是长江滥觞发源的起点。疏导黄河从积石山起，而黄河并不从积石山起源；疏导长江从岷山起，而长江也不从岷山起源。岷江流入长江，而不是长江的源头，这就像渭水流入黄河，而不是黄河的源头。不但如此，岷江流域以南，又有条大渡河，从西面的吐蕃流过来，流经黎州、雅州后与岷江汇合，在金沙江西北方，它的源头也比岷江长但比不上金沙江，所以推测长江的源头，必定应当将金沙江列为首位。

【原文】

不第此也，宋儒谓中国三大龙，而南龙之脉，亦自岷山，濒大江南岸而下，东渡城陵、湖口而抵金陵，此亦不审大渡、金沙之界断其中也。不第此也，并不审城陵矶、湖口县为洞庭、鄱阳二巨浸入江之口。洞庭之西源自沅，发于贵州之谷芒关；南源自湘，发于粤西之釜山、龙庙。鄱阳之南源自赣，发于粤东之溂头[①]、平远；东源自信、丰，发于闽之渔梁山、浙之仙霞南岭。是南龙盘曲去江之南且三千里，而谓南龙濒江乎？不第此也，不审龙脉，所以不辨江源。今详三龙大势，北龙夹河之北，南龙抱江之南，而中龙中界之，特短。北龙亦只南向半支入中国。（俱另有说。）惟南龙磅礴半宇内，而其脉亦发于昆仑，与金沙江相持南下，经石门、丽江，（东金沙，西澜沧，二水夹之。）环滇池之南，由普定度贵竺、都黎南界，以趋五岭。龙远江亦远，脉长源亦长，此江之所以大于河也。不第此也，南龙自五岭东趋闽之渔梁，南散为闽省之鼓山，东分为浙之台、宕。正脉北转为小箪岭，（闽浙界。）度草坪驿，（江浙界。）峙为浙岭、（徽浙界。）黄山，（徽宁界。）而东抵丛山关，（绩溪、建平界。）东分为天目、武林。正脉北度东坝，而峙为句曲，于是回龙西结金陵，余脉东趋余邑。是余邑不特为大江尽处，亦南龙尽处也。龙与江同发于昆仑，同尽于余邑，屹为江海锁钥，以奠金陵，拥护留都千载不拔之基以此。岂若大河下流，昔曲而北趋碣石，今徙而南夺淮、泗，漫无锁钥耶？然则江之大于河者，不第其源之共远，亦以其龙之交会矣。故不探江源，不知其大于河；不与河相提而论，不知其源之远。谈经流者，先南而次北可也。

【注释】

①浰（lì）头：广东一带地名。

【译文】

不仅如此，宋代的儒家人称中国有三大龙脉，而南方的龙脉，也起源于岷山，濒临大江的南岸向下延伸，往东渡过城陵矶、湖口之后抵达金陵，这也是不审度大渡河、金沙江的边界隔断了山脉的原因。不仅如此，而且也不审度城陵矶、湖口县是洞庭湖、鄱阳湖这两个巨型湖泊入江的湖口。洞庭湖西面的水来自沅江，发源于贵州谷芒关；南面源自湘江，发源于广西釜山、龙庙。鄱阳湖南面的水来自赣江，发源于广东浰头、平远；东面的水来自信江、永丰溪，发源于福建渔梁山、浙江仙霞南岭。这条南方的龙脉盘桓曲折，距离长江南岸且有三千里，却说南方的龙脉是濒临长江吗？不仅如此，搞不清楚龙脉，所以不能分辨长江的源头。如今已详细地知道了三条龙脉的大致走势，北方的龙脉夹在黄河以北，南方的龙脉环抱在长江以南，而中部的龙脉位于长江黄河的界中地，特别短。北方的龙脉也只有往南延伸的半支脉络伸入了中国。（全都另有解说。）唯独南方的龙脉在半个国家的范围里气势磅礴，而它的山脉也是起源于昆仑山，与金沙江并行往南延伸，经过石门关、丽江，（东边的金沙江，西边的澜沧江，两江相夹。）环绕滇池以南，由普定延伸到贵竹、都黎的南边界，然后奔向五岭。龙脉远则长江也远，山脉长则水源也长，这就是长江之所以比黄河大的原因。不仅如此，南方的龙脉从五岭往东奔向了福建的渔梁山，往南边散开成了福建省的鼓山，往东面分开成了浙江的天台山、雁荡山。正脉向北转成了小箪岭，（闽浙交界处。）延伸到草坪驿，（江浙交界处。）耸峙成为浙江的山岭、（徽州浙江交界处。）黄山，（宁国府徽州府交界处。）向东抵达丛山关，（绩溪、建平交界处。）往东分为天目山、武林山。正脉往北延伸过东坝，而后耸立成为句曲山，于是龙脉回环向西盘结为金陵，余脉往东奔向我县。因此，我县不只是大江的尽头之地，也是南方龙脉的尽头之地。龙脉与长江一同发源于昆仑，一同在我县到了尽头，屹立于此成了长江入海处的要地，奠定了金陵的地位，拥护留都千年不被拔除正是基于这一点。又怎么会像黄河的下游，从前弯曲向北流到碣石，如今改道南流夺取了淮河、泗水的河道，漫无边际没有入海处的要地那样呢？由是则长江之所以大于黄河，不仅是因为它们的源头都很远，还因为它与龙脉交会。所以不探寻长江的源头，不知它比黄河更大；不与黄河相提并论，不知它的源头更远。谈论主要河流的人，可以先谈南方再谈北方了。